KB205570

BIBLE in Hand 교양인을 위한 성경

구약 | 잠언 · 전도서 · 아가

지혜와 삶과 사랑

해제 **김근주**

봄이다
프로젝트

THE HOLY BIBLE

Old and New Testaments

New Korean Revised Version

ⓒ Korean Bible Society 1998, 2000, 2003, 2005

Used by permission All rights reserved.

본서에 사용한 〈성경전서 새번역〉의 저작권은

재단법인 대한성서공회 소유이며

재단법인 대한성서공회의 허락을 받고 사용하였음.

해제 **김근주** | 기독연구원 느헤미야 연구위원

서울대학교 경제학과를 졸업하고, 장로회신학대학교 신학대학원에서
목회학 석사(M.Div.)와 신학 석사(Th.M.) 학위를 받은 후,
영국 옥스퍼드대학교에서 칠십인역 이사야서의 신학적 특징을 다룬
논문(The Identity of the Jewish Diaspora in the Septuagint Isaiah)으로
박사(D.Phil.) 학위를 받았다.
기독연구원 느헤미야 연구위원이며, 일산은혜교회 협동목사로 섬기고 있다.
〈복음의 공공성〉(비아토르), 〈특강 예레미야〉〈특강 이사야〉(IVP),
〈나를 넘어서는 성경 읽기〉〈소예언서 어떻게 읽을 것인가 1, 2, 3〉(이상 성서유니온),
〈구약의 숲〉〈다니엘처럼〉〈네 이웃을 네 몸과 같이〉(이상 대장간),
〈구약으로 읽는 부활 신앙〉(SFC출판부) 등을 펴냈다.

구약 | 잠언·전도서·아가

지혜와 삶과 사랑

01

이 책에 사용된 한글 번역본은 대한성서공회의 허락을 받아
〈성경전서 새번역〉(2001년)을 사용했습니다.

기독교 성서를 번역, 출판, 반포하는 대한성서공회는 〈성경전
서 새번역〉에 대해 "원문의 뜻을 우리말 독자들이 이해할 수
있도록 정확하게 번역하고, 쉬운 현대어로, 우리말 어법에 맞
게, 한국교회에서 사용할 수 있도록 번역된 성경"이며, "번역
이 명확하지 못했던 본문과 의미 전달이 미흡한 본문은 뜻이
잘 전달되도록 고쳤다. 할 수 있는 대로 번역어투를 없애고,
뜻을 우리말로 표현하려고 노력했다. 그러나 신학적으로 중요
한 본문에서는 원문을 그대로 반영하려고 노력했다. 대화문에
서는 현대 우리말 존대법을 적용했다"고 밝히고 있습니다.

02

성경 본문 하단은 성경을 읽으면서 생기는 궁금한 내용에 대해
질문과 해제 형식으로 담아냈습니다. 질문은 편집부에서 만들
고, 해제는 구약성경은 김근주 교수(기독연구원 느헤미야), 신
약성경은 권연경 교수(숭실대 기독교학과)가 맡았습니다.

성경 본문입니다

장을 말합니다

절을
말합니다

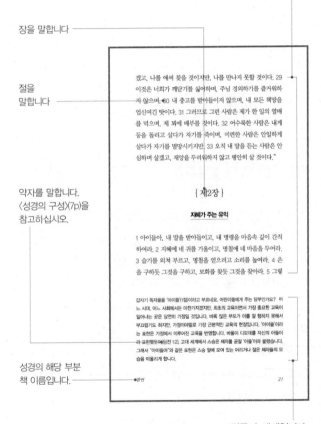

겠고, 나를 애써 찾을 것이지만, 나를 만나지 못할 것이다. 29 이것은 너희가 깨닫기를 싫어하며, 주님 경외하기를 즐거워하지 않으며, ●30 내 충고를 받아들이지 않으며, 내 모든 책망을 업신여긴 탓이다. 31 그러므로 그런 사람은 제가 한 일의 열매를 먹으며, 제 꾀에 배부를 것이다. 32 어수룩한 사람은 내게 등을 돌리고 살다가 자기를 죽이며, 미련한 사람은 안일하게 살다가 자기를 멸망시키지만, 33 오직 내 말을 듣는 사람은 안심하며 살겠고, 재앙을 두려워하지 않고 평안히 살 것이다."

{ 제2장 }

지혜가 주는 유익

1 아이들아, 내 말을 받아들이고, 내 명령을 마음속 깊이 간직하여라. 2 지혜에 네 귀를 기울이고, 명철에 네 마음을 두어라. 3 슬기를 외쳐 부르고, 명철을 얻으려고 소리를 높여라. 4 은을 구하듯 그것을 구하고, 보화를 찾듯 그것을 찾아라. 5 그렇

갑자기 독자들을 '아이들'(1절)이라고 부르네요. 어린이들에게 주는 당부인가요? 어느 시대, 어느 사회에서는 마찬가지겠지만, 최초의 교육이면서 가장 중요한 교육이 일어나는 곳은 당연히 가정일 것입니다. 비록 많은 부모가 이를 잘 행하지 못해서 부끄럽기도 하지만, 가정이야말로 가장 근본적인 교육의 현장입니다. '아이들'이라는 표현은 가정에서 이루어진 교육을 반영합니다. 바울이 디모데를 자신의 아들이라 표현했듯이(딤전 1:2), 고대 세계에서 스승은 제자를 곧잘 '아들'이라 불렀습니다. 그래서 '아이들아'와 같은 표현은 스승 앞에 모여 있는 어리거나 젊은 제자들의 모습을 떠올리게 합니다.

●잠언   21

약자를 말합니다.
〈성경의 구성〉(7p)을
참고하십시오.

성경의 해당 부분
책 이름입니다.

질문과 해제입니다

성경, 구약 39권 + 신약 27권

성경은 한 권의 책이 아닙니다. 기원전 1천 년 전부터 기원후 2세기에 이르기까지 아주 긴 시간 동안 쓰여진 다양한 책들의 묶음입니다. 성경은 66권의 책으로 구성되어 있습니다. 그 책들은 저자도, 내용도, 형식도, 분량도 모두 다릅니다. 성경은 크게 구약과 신약으로 구분되며, 구약은 39권, 신약은 27권으로 구성되어 있습니다.

또 성경에는 여러 종류의 번역판이 있는데, 이 책은 대한성서공회가 최근에 번역해 출간한 〈성경전서 새번역〉(2001년)을 채택하고 있습니다.

성경의 구성

구약

율법서 { 창세기(창) 출애굽기(출) 레위기(레) 민수기(민) 신명기(신)

역사서 { 여호수아기(수) 사사기(삿) 룻기(룻) 사무엘기상(삼상)
사무엘기하(삼하) 열왕기상(왕상) 열왕기하(왕하) 역대지상(대상)
역대지하(대하) 에스라기(라) 느헤미야기(느) 에스더기(더)

시가서 { 욥기(욥) 시편(시) 잠언(잠) 전도서(전) 아가(아)

대선지서 { 이사야서(사) 예레미야서(렘) 예레미야 애가(애) 에스겔서(겔)
다니엘서(단)

소선지서 { 호세아서(호) 요엘서(욜) 아모스서(암) 오바댜서(옵) 요나서(욘)
미가서(미) 나훔서(나) 하박국서(합) 스바냐서(습) 학개서(학)
스가랴서(슥) 말라기서(말)

신약

복음서 { 마태복음서(마) 마가복음서(막) 누가복음서(눅) 요한복음서(요)

역사서 { 사도행전(행)

바울서신 { 로마서(롬) 고린도전서(고전) 고린도후서(고후)
갈라디아서(갈) 에베소서(엡) 빌립보서(빌) 골로새서(골)
데살로니가전서(살전) 데살로니가후서(살후)
디모데전서(딤전) 디모데후서(딤후) 디도서(딛) 빌레몬서(몬)

공동서신 { 히브리서(히) 야고보서(약) 베드로전서(벧전) 베드로후서(벧후)
요한1서(요일) 요한2서(요이) 요한3서(요삼) 유다서(유)

예언서 { 요한계시록(계)

※괄호 안은 각 책을 줄여서 표기할 때 쓰는 약자입니다.

목차

잠언 Proverbs 10

전도서 Ecclesiastes 114

아가 Song of Songs 156

잠언
Proverbs

잠언을 읽는 독자들에게

관계 맺기 :
하나님과
사람과
세상과

잠언은 올바른 관계 맺기의 가장 근본에
주님을 경외하는 삶이 있다고 제시합니다.
그리고 주님을 경외하는 삶은 종교적인 활동을
왕성하게 하는 것으로 나타나지 않고,
일상에서 관계 맺기의 변화로 나타난다는 것이
잠언이 들려주는 이야기입니다.

욥기, 잠언, 전도서, 이 세 권의 책을 가리켜 지혜문학이라고 부릅니다. 이 가운데 잠언과 전도서는 솔로몬의 이름과 연관됩니다. 솔로몬은 지혜의 대명사라고 할 수 있는데, 열왕기상 4장 29-34절을 보면 솔로몬의 지혜를 동양과 이집트 사람에 견주어 표현하고 있습니다. 이것은 지혜가 이스라엘만의 현상이나 특징이 아니라 여기서 '동양'이라고 부른 고대 오리엔트 지역과 이집트에서도 널리 퍼져 있던 현상임을 알려줍니다.

그뿐 아니라 솔로몬이 잠언과 노래를 많이 짓고 레바논 백향목에서부터 우슬초, 모든 초목, 짐승과 새, 물고기 같은 것에 대해서도 이야기할 것이 있었다고 전합니다. 오늘날에는 백과사전 같은 책에서 볼 수 있는 내용까지도 솔로몬이 알았다는 것입니다.

'어떻게'를 제시하는 지혜

이처럼 지혜는 폭이 넓습니다. 구약성경에 나타난 다른 예들을 보면, 금속을 다루는 기술, 바느질, 목수일, 항해술과 같은 것도 지혜의 영역에 해당합니다. 또 인생을 어떻게 살아가며 여러 상황을 어떻게 대처해야 하는지도 당연히 지혜의 영역입니다.

결국 우리 인생, 인간관계, 그리고 자연에서 일어나는 일, 모든 영역에서 비롯된 경험에 일종의 지혜를 부여하는 것이라는 점에서, 지혜는 자연과 인생의 규칙이나 패턴을 발견하고 아이 책들에 하나님에 대한 언급이 군데군데 있지만, 현실에서 어떻게 살아갈지를 아주 보편적인 언어로 표현하기에 성경을 잘 모르는 사람이라도 다가가기 쉽습니다. 그렇다고 그 내용이 가볍지만은 않습니다. 왜냐하면 신앙이 있든 없든 우리네 삶이라는 것이 결코 쉽지 않기 때문입니다.

는 것이라고 볼 수 있습니다. 사람과 사람 사이에 어떤 규칙이 있는지를 깨닫고 그에 합당하게 행할 때 우리는 이를 가리켜 '지혜롭다'고 말할 수 있습니다. 이런 지혜는 당연히 사람에게만 있는 것이 아니기에, 잠언에서는 동물의 지혜에 대해서도 여기저기에서 다룹니다.

이런 지혜는 이스라엘에만 있는 것도 아니기에, 잠언을 비롯한 지혜문학에 실린 내용은 고대 중동 지방에서 발견된 다른 고대 문헌에서도 볼 수 있습니다. 어떤 신앙을 가졌든지, 삶의 원칙을 발견하려는 노력과 그로 인한 깨달음은 크게 다르지 않을 수 있기 때문입니다. 그래서 지혜문학에 속한 책들은 신앙이 없는 사람이라 할지라도 쉽게 접근할 수 있습니다.

물론 이 책들에 하나님에 대한 언급이 군데군데 있지만, 현실에서 어떻게 살아갈지를 아주 보편적인 언어로 표현하기에 성경을 잘 모르는 사람이라도 다가가기 쉽습니다. 그렇다고 그 내용이 가볍지만은 않습니다. 왜냐하면 신앙이 있든 없든 우리네 삶이라는 것이 결코 쉽지 않기 때문입니다.

전도서나 욥기 같은 책은 의로운 사람이 고통을 겪는 부조리한 현실을 집중적으로 다루기도 합니다. 잠언 역시 이 어렵고 힘겨운 삶의 원칙을 발견하고자 애쓴 결과이며, 그로 인한 깨달음을 보편적인 말로 표현합니다.

하나님과 어떤 관계를 맺어야 하는지, 그리고 사람과 사람 사이에 어떤 관계를 맺어야 하는지를 추구한다는 점에서, 잠언의 지혜는 '올바른 관계 맺기'에 대한 추구라고 볼 수 있습니다. 잠언은 이러한 올바른 관계 맺기의 가장 근본에 주님을 경외하는 삶이 있다고 제시합니다. 그리고 주님을 경외하는 삶은 종교적인 활동을 왕성하게 하는 것으로 나타나지 않고, 일상에서 관계 맺기의 변화로 나타난다는 것이 잠언이 들려주는 이야기이기도 합니다.

그 점에서 예수님 역시 잠언으로 대표되는 지혜의 입장을 지니셨다고 볼 수 있습니다. 수님은 율법과 예언지, 즉 구약 전체를 "대접을 받고자 하는 대로 남을 대접하라"(마 7:12)는 말씀으로 요약하셨기 때문입니다. 이에 따르면 하나님을 경외하는 것은 말끝마다 하나님을 말하는 입버릇이 아니라, 남에게 대접을 받고자 하는 대로 남을 대접하는 삶으로 나타납니다.

대조로 보여주는 가르침

잠언의 많은 부분(10-29장)은 두 개의 행을 서로 대응시키면서 삶에서 관찰한 가르침을 전합니다. 반면 잠언의 첫 부분인 1-9장은 '지혜로운 삶으로의 초대'라는 주제를 지닌 여러 짧은 글들을 모은 것입니다.

이 부분에서 주목할 것은 지혜로운 여인과 음란한 여자 사이의 대조입니다. 히브리어로 '지혜'가 여성형 명사이다 보니, 이 본문에서는 지혜를 여성으로 의인화해서 표현합니다. 그래서 이 부분에 나오는 '음란한 여인'은 여성을 가리키는 것이 아니라, '지혜로운 삶'의 반대인 '어리석은 삶'을 상징합니다. 이 단락의 결론 부분인 잠언 9장은 지혜 여인의 초대(9:1-6)로 시작해 어리석은 여인의 초대(9:13-18)로 끝맺습니다. 이를 통해 독자로 하여금 지혜로운 삶을 살 것을 촉구합니다.

잠언 마지막 부분인 30장에도 짤막짤막한 지혜 말씀이 여럿 있습니다. 마지막 장인 31장은 두 여성의 가르침을 다룹니다. 첫 부분(31:1-9)은 임금의 어머니가 임금에게 주는 충고를 전합니다. 두 번째 부분(31:10-31)은 '유능한 아내'를 다룹니다. 마지막에 언급되는 이 '유능한 아내' 역시 여성을 말하는 것이 아니라, 지혜를 여성으로 의인화한 것입니다. 그래서 이 마지막 단락은 지혜가 일상에 어떤 변화를 가져오는지 모두 스물 두 개의 절을 통해 알려줍니다.

하나님, 세상, 사람과 관계 맺는 우리 삶이 더욱 지혜롭고 풍성하게 되기를 기대하며, 잠언을 읽고 생각해봅시다.

{ 제1장 }

잠언의 목적과 주제

1 이것은 다윗의 아들 이스라엘 왕 솔로몬의 잠언이다. 2 이 잠언은 지혜와 훈계를 알게 하며, 명철의 말씀을 깨닫게 하며, 3 정의와 공평과 정직을 지혜롭게 실행하도록 훈계를 받게 하며, 4 어수룩한 사람을 슬기롭게 하여주며, 젊은이들에게 지식과 분별력을 갖게 하여주는 것이니, 5 지혜 있는 사람은 이 가르침을 듣고 학식을 더할 것이요, 명철한 사람은 지혜를 더 얻게 될 것이다. 6 잠언과 비유와 지혜 있는 사람의 말과 그 심오한 뜻을 깨달아 알 수 있을 것이다. 7 주님을 경외하는 것이 지식의 근본이어늘, 어리석은 사람은 지혜와 훈계를 멸시한다.

젊은이에게 주는 충고

8 아이들아, 아버지의 훈계를 잘 듣고, 어머니의 가르침을 저버리지 말아라. 9 진정 이것은 머리에 쓸 아름다운 관이요,

잠언은 "가르쳐 훈계한다"는 뜻입니다. 그런 글을 남긴 솔로몬은 어떤 인물입니까? 솔로몬은 통일 이스라엘의 전성기를 열었던 능력 있는 임금이면서 지혜의 대명사였던 인물이기도 합니다. 그의 시대는 국제 무역과 교류가 활발하던 시기였고, 이 같은 시대적 배경은 이집트와 고대 오리엔트 지역의 사상과 문화, 그리고 지혜가 교류되는 것도 가능하게 했습니다. 임금으로서 솔로몬은 백성들을 어떻게 재판해야 할지 고민이 컸고, 이 백성들이 말하는 것을 잘 들을 수 있는 마음을 달라고 하나님께 기도하기도 했습니다(왕상 3:4-9). 이를 생각하면, 결국 다른 사람의 말을 마음으로 잘 듣는 것이 지혜로움의 출발이라고 할 수 있습니다.

너의 목에 걸 목걸이이다. 10 아이들아, 악인들이 너를 꾀더라도, 따라가지 말아라. 11 그들이 너에게 이렇게 말할 것이다. "함께 가서 숨어 기다렸다가, 이유를 묻지 말고, 죄 없는 사람을 죽이자. 12 스올처럼 그들을 산 채로 삼키고, 무덤이 사람을 통째로 삼키듯이, 그들을 통째로 삼키자. 13 우리는 온갖 값진 것을 얻게 될 것이며, 빼앗은 것으로 우리의 집을 가득 채우게 될 것이다. 14 너도 우리와 함께 제비를 뽑고, 우리 사이에 돈주머니는 하나만 두자." 15 아이들아, 그들이 이렇게 말하더라도, 너는 그들과 함께 다니지 말고, 네 발을 그들이 가는 길에 들여놓지 말아라. 16 그들의 발은 악으로 치달으며, 피 흘리는 일을 서두르기 때문이다. 17 무릇, 새가 보는 앞에서 그물을 치는 것은 헛수고이겠거늘, 18 그들이 가만히 엎드려서 지키고 있으니 제 피나 흘릴 뿐이요, 숨어서 기다리고 있으니 제 목숨이나 잃을 뿐이다. 19 무릇 부당한 이득을 탐하는 자의 길은 다 이러하니, 재물이 목숨을 빼앗는다.

주님을 경외한다(7절)는 건 무슨 말입니까? 어떻게 그것이 지식의 근본이 될 수 있습니까? 이것은 특정한 종교를 가져야 한다는 의미는 아닐 것입니다. 이 세상에서 나름대로 살아가되 이 모든 삶을 주관하시며 이끄시는 하나님이 계심을 인정하는 것, 그리고 그 하나님 앞에서 우리 스스로의 한계를 인정하며 겸손한 자세로 살아갈 때, '주님을 경외한다'고 표현할 수 있습니다. 주님을 경외하는 삶은 우리의 오만과 허황된 자부심을 돌아보게 하고, 자신이 주님 앞에 있는 사람임을 기억할 때 권력자 앞에서도 비굴하지 않으며 가난하고 어려운 사람을 결코 함부로 대하지 않게 됩니다. 이런 사람은 우리 사는 세상의 이치에 대해, 피조 세계의 이치에 대해 겸손하고 진지하게 나아갈 것입니다. 그러므로 주님을 경외하는 것이야말로 지식의 근본이라고 할 수 있겠지요.

지혜가 부른다

20 지혜가 길거리에서 부르며, 광장에서 그 소리를 높이며,
21 시끄러운 길머리에서 외치며, 성문 어귀와 성 안에서 말을
전한다. 22 "어수룩한 사람들아, 언제까지 어수룩한 것을 좋아
하려느냐? 비웃는 사람들아, 언제까지 비웃기를 즐기려느냐?
미련한 사람들아, 언제까지 지식을 미워하려느냐? 23 너희는
내 책망을 듣고 돌아서거라. 보아라, 내가 내 영을 너희에게
보여주고, 내 말을 깨닫게 해주겠다. 24 그러나 너희는, 내가
불러도 들으려고 하지 않고, 내가 손을 내밀어도 거들떠보려
고도 하지 않았다. 25 도리어 너희가 내 모든 충고를 무시하며
내 책망을 받아들이지 않았으니, 26 너희가 재앙을 만날 때에,
내가 비웃을 것이며, 너희에게 두려운 일이 닥칠 때에, 내가 조
롱하겠다. 27 공포가 광풍처럼 너희를 덮치며, 재앙이 폭풍처
럼 너희에게 밀려오며, 고난과 고통이 너희에게 밀어닥칠 때에,
28 그때에야 나를 애타게 부르겠지만, 나는 대답하지 않겠고,

하나님에게도 영이 있습니까?(23절) 또 영을 어떻게 보여주신다는 거죠? 구약성경
에서 영은 사람 안에 있는 생기, 호흡을 가리키기도 하고, 생각이나 판단을 내리는
신체 기관을 가리키기도 합니다. 육체는 사람 안에 있는 그러한 영을 감싸고 있습니
다. 사람이 죽으면 육체로부터 영이 떠나게 된다고 구약은 표현합니다. 구약에 따르
면 하나님께도 영이 있는데, 하나님께서 사람에게 그의 영을 보내시면 사람이 새로
워지고, 쉽지 않은 일을 실행할 힘을 얻게 되기도 합니다. 그래서 하나님의 영은 대
개 '하나님의 능력'으로 이해할 수 있습니다. 하나님께서 사람에게 무엇을 가르치고
이끄실 때도 하나님의 영을 보내거나 붓는다고 표현합니다. 23절에서는 하나님께
서 그의 영을 보여주신다는 표현과 하나님의 말씀을 깨닫게 해주신다는 것이 나란
히 놓였습니다. 그래서 하나님의 영은 깨달음이 그저 사람의 노력만으로 가능하지
않고, 하나님의 도우심과 은혜로 가능함을 알려줍니다.

나를 애써 찾을 것이지만, 나를 만나지 못할 것이다. 29 이것은 너희가 깨닫기를 싫어하며, 주님 경외하기를 즐거워하지 않으며, 30 내 충고를 받아들이지 않으며, 내 모든 책망을 업신여긴 탓이다. 31 그러므로 그런 사람은 제가 한 일의 열매를 먹으며, 제 꾀에 배부를 것이다. 32 어수룩한 사람은 내게 등을 돌리고 살다가 자기를 죽이며, 미련한 사람은 안일하게 살다가 자기를 멸망시키지만, 33 오직 내 말을 듣는 사람은 안심하며 살겠고, 재앙을 두려워하지 않고 평안히 살 것이다."

{ 제2장 }

지혜가 주는 유익

1 아이들아, 내 말을 받아들이고, 내 명령을 마음속 깊이 간직하여라. 2 지혜에 네 귀를 기울이고, 명철에 네 마음을 두어라. 3 슬기를 외쳐 부르고, 명철을 얻으려고 소리를 높여라. 4 은을 구하듯 그것을 구하고, 보화를 찾듯 그것을 찾아라. 5 그렇

갑자기 독자들을 '아이들'(1절)이라고 부르네요. 어린이들에게 주는 당부인가요? 어느 시대, 어느 사회에서든 마찬가지겠지만, 최초의 교육이면서 가장 중요한 교육이 일어나는 곳은 당연히 가정일 것입니다. 비록 많은 부모가 이를 잘 행하지 못해서 부끄럽기도 하지만, 가정이야말로 가장 근본적인 교육의 현장입니다. '아이들'이라는 표현은 가정에서 이루어진 교육을 반영합니다. 바울이 디모데를 자신의 아들이라 표현했듯이(딤전 1:2), 고대 세계에서 스승은 제자를 곧잘 '아들'이라 불렀습니다. 그래서 "아이들아"와 같은 표현은 스승 앞에 모여 있는 어리거나 젊은 제자들의 모습을 떠올리게 합니다.

게 하면, 너는 주님을 경외하는 길을 깨달을 것이며, 하나님을 아는 지식을 터득할 것이다. 6 주님께서 지혜를 주시고, 주님께서 친히 지식과 명철을 주시기 때문이다. 7 정직한 사람에게는 분별하는 지혜를 마련하여주시고, 흠 없이 사는 사람에게는 방패가 되어주신다. 8 공평하게 사는 사람의 길을 보살펴주시고, 주님께 충성하는 사람의 길을 지켜주신다. 9 그때에야 너는 정의와 공평과 정직, 이 모든 복된 길을 깨달을 것이다. 10 지혜가 네 마음속에 들어가고, 지식이 네 영혼을 즐겁게 할 것이다. 11 분별력이 너를 지켜주고, 명철이 너를 보살펴줄 것이다. 12 지혜가 악한 사람의 길에서 너를 구하고, 겉과 속이 다르게 말하는 사람에게서 너를 건질 것이다. 13 그들은 바른 길을 버리고, 어두운 길로 가는 사람들이다. 14 그들은 나쁜 일 하기를 좋아하며, 악하고 거스르는 일 하기를 즐거워한다. 15 그들의 길은 구부러져 있고, 그들의 행실은 비뚤어져 있다.

지혜와 순결

16 지혜가 너를 음란한 여자에게서 건져주고, 너를 꾀는 부정

세상을 "정직한 삶이 살 곳"이자 "흠 없는 사람이 살아남을 곳"(21절)으로 보는 근거는 무엇입니까? 현실은 딴판이 아니던가요? 이 구절은 세상이 그런 곳이라고 말한다기보다 그러해야 한다고 말합니다. 이와 같은 진술이 있다는 것 자체가 세상이 정직하고 흠 없는 이들의 것이 아님을 말합니다. 잠언은 우리 사는 세상 안에 모순이 있고 불합리한 현실이 있음을 잘 알고 있습니다. 그러나 잠언은 세상이 그런 곳이니 손해 보지 말고 어떻게든 이기고 살아남으라 권하지 않고, 정직한 자가 결국 살게 될 것이라고 이야기하며 올바른 삶을 살도록 촉구하고 격려합니다. 현실을 모르는 순진한 권면이 아니라, 참혹한 현실 위에서도 정직하게 살아갈 것을 권합니다.

한 여자에게서 건져줄 것이다. 17 그 여자는 젊은 시절의 짝을 버리고, 하나님과 맺은 언약을 잊은 여자이다. 18 그 여자의 집은 죽음에 이르는 길목이요, 그 길은 죽음으로 내려가는 길이다. 19 그런 여자에게 가는 자는 아무도 되돌아오지 못하고, 다시는 생명의 길에 이르지 못한다. 20 그러므로 너는 선한 사람이 가는 길을 가고, 의로운 사람이 걷는 길로만 걸어라. 21 세상은 정직한 사람이 살 곳이요, 흠 없는 사람이 살아남을 곳이기 때문이다. 22 그러나 악한 사람은 땅에서 끊어지고, 진실하지 못한 사람은 땅에서 뿌리가 뽑힐 것이다.

{ 제3장 }

젊은이에게 주는 충고

1 아이들아, 내 가르침을 잊지 말고, 내 계명을 네 마음에 간직하여라. 2 그러면 그것들이 너를 장수하게 하며, 해가 갈수록 더욱 평안을 누리게 할 것이다. 3 인자와 진리를 저버리지 말고, 그것을 목에 걸고 다니며, 너의 마음속 깊이 새겨두어라. 4 그러면 하나님과 사람 앞에서 네가 은혜를 입고 귀중히 여김을 받을 것이다. 5 너의 마음을 다하여 주님을 의뢰하고, 너의 명철을 의지하지 말아라. 6 네가 하는 모든 일에서 주님을 인정하여라. 그러면 주님께서 네가 가는 길을 곧게 하실 것이다. 7 스스로 지혜롭다고 여기지 말고, 주님을 경외하며 악을 멀리하여라. 8 그러면 이것이 너의 몸에 보약이 되어, 상처가 낫고 아픔이 사라질 것이다. 9 너의 재산과 땅에서 얻은 모든 첫 열매로 주님을 공경하여라. 10 그러면 너의 창고가 가득 차

신앙적인 가르침을 따르는 게 어떻게 장수를 보장할 수 있습니까?(2절) 하나님의 가르침과 계명을 따라 살아간다는 것은 인간의 모든 삶 위에 하나님이 계심을 기억하는 것, 그래서 지나친 욕심과 탐욕에 사로잡히지 않으며, 우리에게 주어진 것을 움켜쥐는 게 아니라 함께 살아가는 이웃과 나누며 살아가는 모습으로 나타날 것입니다. 오늘날 스트레스야말로 만병의 가장 큰 원인임을 생각해보면, 하나님의 규례를 따르는 삶은 그런 스트레스가 없는 삶이라는 것을 짐작할 수 있습니다. 계명을 지키면 하나님께서 장수의 복을 주시기도 하겠지만, 사실 그렇게 계명을 지키는 삶이야말로 우리를 건강하게 오래 살게 할 것입니다. 나아가 이것은 단순히 삶의 길이의 문제가 아니라 삶의 질의 문제이기도 할 것입니다. 진정한 장수란 숫자로 100년, 200년을 사는 것이 아니라, 얼마의 기간을 살더라도 제대로 온전하게 살아가는 것이 아닐까요?

고, 너의 포도주 통에 햇포도주가 넘칠 것이다. 11 아이들아, 주님의 훈계를 거부하지 말고, 그의 책망을 싫어하지 말아라. 12 주님은, 당신이 사랑하시는 사람을 꾸짖으시니, 마치 귀여워하는 아들을 꾸짖는 아버지와 같으시다.

지혜의 가치

13 지혜를 찾는 사람은 복이 있고, 명철을 얻는 사람은 복이 있다. 14 참으로 지혜를 얻는 것이 은을 얻는 것보다 낫고, 황금을 얻는 것보다 더 유익하다. 15 지혜는 진주보다 더 값지고, 네가 갖고 싶어 하는 그 어떤 것도 이것과 비교할 수 없다. 16 그 오른손에는 장수가 있고, 그 왼손에는 부귀영화가 있다. 17 지혜의 길은 즐거운 길이요, 그 모든 길에는 평안이 있다. 18 지혜는, 그것을 얻는 사람에게는 생명의 나무이니, 그것을 붙드는 사람은 복이 있다. 19 주님은 지혜로 땅의 기초를 놓으

6절은 인간의 판단이 제아무리 합리적일지라도 눈에 보이지도 않는 하나님의 뜻에 무조건 따라야 한다는 말인가요? 왜죠? 합리적인 판단이라면 당연히 우리는 그러한 판단을 중시해야 합니다. 사실 많은 경우 우리는 합리적인 판단을 하기보다 감정적으로 혹은 다른 사람의 눈치를 보며 결정하기 쉽고, 오히려 상황을 더 어렵게 만들기도 합니다. 모든 일에 주님을 인정하라는 말씀은 뭐든 내 맘대로 하지 말라는 뜻이 아니라, 도리어 사람의 눈치를 보지 말고, 사람에게 아부하거나 아첨하기 위해 행하지 말고, 옳은 것은 끝까지 옳다 하고 틀린 것은 끝까지 틀리다 하라는 의미라고 볼 수 있습니다. 당장 눈앞의 상황이나 자신보다 더 나아 보이는 사람 때문에 위축되겠지만, 그렇더라도 모든 일마다 참으로 우리 삶을 주관하시는 하나님의 눈앞에서 살아갈 것을 이 말씀은 권면합니다. 그래서 이 말씀은 사사건건 성경을 펼쳐보고 하나님의 눈치를 살피라는 말씀이 아니라, 하나님께서 우리 모두를 보고 계심을 기억하며 옳고 바른 것을 제대로 분별해 용기 있게 살아가라는 격려입니다.

섰고, 명철로 하늘을 펼쳐놓으셨다. 20 그분은 지식으로 깊은 물줄기를 터뜨리시고, 구름에서 이슬이 내리게 하신다. 21 아이들아, 건전한 지혜와 분별력을 모두 잘 간직하여 너의 시야에서 떠나지 않게 하여라. 22 그것이 너의 영혼에 생기를 불어넣으며, 너의 목에 우아한 장식물이 될 것이다. 23 그때에 너는 너의 길을 무사히 갈 것이며, 너의 발은 걸려 넘어지지 않을 것이다. 24 너는 누워도 두렵지 않고, 누우면 곧 단잠을 자게 될 것이다. 25 너는 갑자기 닥치는 두려운 일이나, 악한 사람에게 닥치는 멸망을 보고 무서워하지 말아라. 26 주님께서 네가 의지할 분이 되셔서 너의 발이 덫에 걸리지 않게 지켜주실 것이다. 27 너의 손에 선을 행할 힘이 있거든, 도움을 청하는 사람에게 주저하지 말고 선을 행하여라. 28 네가 가진 것이 있으면서도, 너의 이웃에게 "갔다가 다시 오시오. 내일 주겠소" 말하지 말아라. 29 너를 의지하며 살고 있는 너의 이웃에게 해를 끼칠 계획은 꾸미지 말아라. 30 너에게 해를 끼치지 않는 사람과는, 까닭 없이 다투지 말아라. 31 폭력을 휘두

'땅에서 얻은 첫 열매'(9절)란 무얼 가리킵니까? 농사짓는 이들에게만 해당되는 잠언인가요? 잠언을 비롯한 구약성경은 지금으로부터 최소 2500년 전의 시대를 배경으로 합니다. 아마도 고대 이스라엘에서 가장 대표적인 직업은 농부였을 것입니다. 잠언도 그렇고, 성경의 다른 책도 농부를 배경으로 표현된 내용이 아주 많습니다. 당연히 오늘 우리는 직업이 세밀하게 분화된 시대를 살고 있으니, 농사로 표현된 본문을 보면서 오늘 우리 시대에 주는 의미는 무엇일지 궁리가 필요합니다. 땅에서 얻은 첫 열매로 주님을 공경하라는 말씀은 고대 이스라엘에서는 농사에서 얻은 첫 결실을 성전에 바치라는 말씀입니다. 내게 주어진 것을 하나님의 은혜로 알 때, 우리 삶은 더욱 풍성할 것입니다. 오늘 우리 삶에서 얻은 소득 역시, 비록 적은 양이지만 하나님의 은혜인 줄 알 때, 도리어 함께 나누며 살아갈 수 있을 것입니다.

르는 사람을 부러워하지 말고, 그의 행위는 그 어떤 것이든 따르지 말아라. 32 참으로 주님은 역겨운 일을 하는 사람은 미워하시고, 바른길을 걷는 사람과는 늘 사귐을 가지신다. 33 주님은 악한 사람의 집에는 저주를 내리시지만, 의로운 사람이 사는 곳에는 복을 내려주신다. 34 진실로 주님은, 조롱하는 사람을 비웃으시고, 겸손한 사람에게는 은혜를 베푸신다. 35 지혜 있는 사람은 영광을 물려받고, 미련한 사람은 수치를 당할 뿐이다.

잠언이 가르치는 '복'(33절)은 무엇입니까? 부귀영화와 무병장수를 말하는 건가요?
하나님을 경외하며 그 계명을 따라 사는 사람에게는 복이 있습니다. 힘든 것을 꾹 참고 지켰더니 외부에서 어떤 복이 주어졌다기보다는, 그렇게 계명을 지키고 하나님 경외하며 살아가는 삶 자체가 복입니다. 옳고 바른 일을 하거나 다른 사람을 돕고 나서, 우리도 기뻐했던 경험이 있지 않습니까? 올바른 삶을 살아가면 다른 복이 또 있다기보다는, 그런 삶 자체가 복입니다. 그리고 그러한 복은 추상적이거나 정신적인 어떤 것만이 아니라, 실제로 건강하고, 오래 살고, 명예를 얻는 일도 포함할 것입니다. 올바르게 산다고 해서 언제나 그렇게 복되지만은 않을 수도 있지만, 대체로 우리는 그같이 말할 수 있습니다. 그래서 가장 최고의 복은 하나님을 경외하며 살아가는 삶 그 자체라고 할 수 있습니다.

{ 제4장 }

지혜가 주는 유익

1 아이들아, 너희는 아버지의 훈계를 잘 듣고, 명철을 얻도록 귀를 기울여라. 2 내가 선한 도리를 너희에게 전하니, 너희는 내 교훈을 저버리지 말아라. 3 나도 내 아버지에게는 아들이었고, 내 어머니 앞에서도 하나뿐인 귀여운 자식이었다. 4 아버지는 내게 이렇게 가르치셨다. "내 말을 네 마음에 간직하고, 내 명령을 지켜라. 네가 잘 살 것이다. 5 지혜를 얻고, 명철을 얻어라. 내가 친히 하는 말을 잊지 말고, 어기지 말아라. 6 지혜를 버리지 말아라. 그것이 너를 지켜줄 것이다. 지혜를 사랑하여라. 그것이 너를 보호하여줄 것이다. 7 지혜가 으뜸이니, 지혜를 얻어라. 네가 가진 모든 것을 다 바쳐서라도 명철을 얻어라. 8 지혜를 소중히 여겨라. 그것이 너를 높일 것이다. 지혜를 가슴에 품어라. 그것이 너를 존귀하게 할 것이다. 9 그 지혜가 아름다운 화관을 너의 머리에 씌워주고, 영광스러운 왕관을 너에게 씌워줄 것이다."

훈계나 교훈이나 같은 말 아닌가요? 뜻과 쓰임의 차이를 알고 싶습니다. 엄밀히 말해 단어 자체는 뜻이 다릅니다. '훈계'는 훈련이라는 개념이 포함된 가르침입니다. 그래서 틀린 것을 지적하거나 따끔하게 말하는 것, 반복해서 훈련하게 하는 것 등이 '훈계' 안에 포함됩니다. 반면 '교훈'은 대개 구약에서 '율법' 혹은 '법'으로 번역된 단어입니다. 어떠어떠하게 행하라는 가르침이라고 볼 수 있습니다. 단어 자체의 의미는 다르지만, 여기 잠언 안에서는 대체로 비슷한 의미라고 볼 수 있습니다. 훈계나 교훈이라는 단어를 사용함으로써 읽는 이에게 그 내용을 반복해 새기고 행할 것을 당부하고 있는 것입니다. 4장은 자녀들에게 주는 훈계와 교훈을 담고 있습니다.

바른길, 그른 길

10 아이들아, 들어라. 내 말을 받아들이면, 네가 오래 살 것이다. 11 내가 네게 지혜로운 길을 가르쳐주었고, 너를 바른길로 이끌어주었으므로, 12 네가 걸을 때에, 네 걸음이 막히지 않고, 달려가도 넘어지지 않을 것이다. 13 훈계를 놓치지 말고 굳게 잡아라. 그것은 네 생명이니, 단단히 지켜라. 14 악독한 사람의 길에 들어서지 말고, 악한 사람의 길로는 다니지도 말아라. 15 그런 길은 피하고, 건너가지도 말며, 발길을 돌려서, 지나쳐버려라. 16 그들은 악한 일을 저지르지 않고는 잠을 이루지 못하며, 남을 넘어지게 하지 않고는 잠을 설치는 자들이다. 17 그들은 악한 방법으로 얻은 빵을 먹으며, 폭력으로 빼앗은 포도주를 마신다. 18 의인의 길은 동틀 때의 햇살 같아서, 대낮이 될 때까지 점점 더 빛나지만, 19 악인의 길은 캄캄하여, 넘어져도 무엇에 걸려 넘어졌는지 알지 못한다. 20 아이들아, 내가 하는 말을 잘 듣고, 내가 이르는 말에 귀를 기울여라. 21 이 말에서 한시도 눈을 떼지 말고, 너의 마음속 깊이 잘 간직하여라. 22 이 말

잠언에 자주 등장하는 지혜, 명철, 지식, 슬기는 모두 비슷한 말처럼 보입니다. 정확히 어떤 뜻이고, 무슨 차이가 있습니까? 당연히 하나하나의 단어는 나름의 뜻이 있겠지만, 잠언에서 이 단어들은 서로 대응해 나란히 쓰인다는 점에서 실제로 같은 의미를 지닌다고 말할 수 있습니다. 잠언 서론에서 다루었듯이, 지혜는 세상과 삶의 규칙을 발견하려는 노력입니다. 그래서 지혜는 하나님과 사람, 세상과 어떤 관계를 맺어야 하는지를 아는 것이라고 말할 수 있습니다. 무엇보다도 세상 모든 것을 주관하며 이끄시는 하나님을 알고 기억하며 경외할 때, 그런 사람을 두고 잠언은 지혜롭다고 표현합니다. 하나님을 기억할 때 그는 다른 사람을 함부로 대하지 않고, 교만하지 않을 것이며, 가난한 사람을 도울 것입니다.

은 그것을 얻는 사람에게 생명이 되며, 그의 온몸에 건강을 준다. 23 그 무엇보다도 너는 네 마음을 지켜라. 그 마음이 바로 생명의 근원이기 때문이다. 24 왜곡된 말을 네 입에서 없애버리고, 속이는 말을 네 입술에서 멀리하여라. 25 눈으로는 앞만 똑바로 보고, 시선은 앞으로만 곧게 두어라. 26 발로 디딜 곳을 잘 살펴라. 네 모든 길이 안전할 것이다. 27 좌로든 우로든 빗나가지 말고, 악에서 네 발길을 끊어버려라.

{ 제5장 }

아내에게 성실히 하여라

1 내 아들아, 너는 내 지혜에 주의를 기울이고 내 명철에 너의 귀를 기울여서, 2 분별력을 간직하고, 네 입술로 지식을 굳게 지켜

음란한 여인이 도덕적인 남성을 유혹해 부정이 벌어진다는 게 잠언의 시각인가요? 여기선 성적 일탈의 책임을 온통 여성에게 돌리는 분위기입니다. 잠언은 지혜를 권하는 책입니다. 히브리어로 지혜나 명철은 여성형 명사입니다. 그래서 잠언은 곧잘 지혜를 여성으로 의인화해서 표현합니다(예, 8-9장). 한편 지혜의 반대인 '어리석음'이라는 단어 역시 여성형 명사인지라, '미련함'도 자주 여성으로 의인화해서 표현됩니다. 이런 맥락에서 볼 때, 1-7장에 빈번히 등장하는 '음란한 여인' 역시 여성을 말하는 것이 아니라 '어리석음' 혹은 '미련함'을 상징합니다. 1-7장은 지혜 여성을 따라갈 것인가, 아니면 어리석음 여성을 따라갈 것인가를 독자와 청중에게 계속 묻고 있습니다. '어리석음'은 겉보기엔 매력적이지만, 실제로는 패망으로 이끕니다. 그럼에도 이러한 본문을 두고, 종종 기독교인 가운데 여성은 남자를 유혹하는 존재라는 둥, 여자를 잘 만나야 한다는 둥 이야기를 하는 경우가 있는데, 잠언이 말하는 본질을 완전히 오해하고 악용하는 것입니다.

라. 3 음행하는 여자의 입술에서는 꿀이 떨어지고, 그 말은 기름보다 매끄럽지만, 4 그것이 나중에는 쑥처럼 쓰고, 두 날을 가진 칼처럼 날카롭다. 5 그 여자의 발은 죽을 곳으로 내려가고, 그 여자의 걸음은 스올로 치닫는다. 6 그 여자는 생명의 길을 지키지 못하며, 그 길이 불안정해도 그것을 깨닫지 못한다. 7 내 아들아, 이제 너희는 내 말을 잘 들어라. 내가 하는 말에서 벗어나지 말아라. 8 네 길에서 그 여자를 멀리 떨어져 있게 하여라. 그 여자의 집 문 가까이에도 가지 말아라. 9 그렇지 않으면, 네 영예가 다른 사람에게 넘어가고, 네 아까운 세월을 포학자들에게 빼앗길 것이다. 10 다른 사람이 네 재산으로 배를 불리고, 네가 수고한 것이 남의 집으로 돌아갈 것이다. 11 마침내 네 몸과 육체를 망친 뒤에, 네 종말이 올 때에야 한탄하며, 12 말하기를 "내가 어찌하여 훈계를 싫어하였던가? 내가 어찌하여 책망을 멸시하였던가? 13 내가 스승에게 순종하지 않고, 나를 가르쳐주신 분에게 귀를 기울이지 않고 있다가, 14 온 회중이 보는 앞에서 이런 처절한 재난을 당하는구나!" 할 것이다.

21-23절은 난데없어 보입니다. 앞의 내용과 무슨 상관이 있나요? 잠언은 대체로 앞뒤의 내용이 밀접하게 연결되지 않는 경우가 많은, 거의 유일한 책입니다. 이러한 특징은 10장 이후로 가면 더욱 분명해집니다. 그래서 21절 이하도 20절까지와 다른 이야기를 꺼낸다고 볼 수 있습니다. 굳이 연결을 해보자면, 앞선 단락에서 누구를 따라갈 것인가를 음행하는 여자와 내 집의 아내에 견주어 설명했고, 이제 21절부터는 어느 길을 가든 그 선택을 하나님께서 보고 계심을 이야기합니다. 결국 나의 선택이 나의 미래를 결정합니다. 자신 안에 있는 욕심에 이끌리게 되면 결국 길을 잃고 말 것이니. 우리를 살피시는 주님의 눈을 기억하며 올바른 길을 선택할 것을 21-23절이 촉구합니다. 23절 마지막은 잘못된 길을 선택한 삶의 결론을 '미련'이라고 표현합니다. 그래서 5장이 말하는 것이 여성에 대한 이야기가 아니라 지혜로운 삶이냐 미련한 삶이냐의 문제임을 다시 확인할 수 있습니다.

15 너는 네 우물의 물을 마시고, 네 샘에서 솟아나는 물을 마셔라. 16 어찌하여 네 샘물을 바깥으로 흘려보내며, 그 물줄기를 거리로 흘려보내려느냐? 17 그 물은 너 혼자만의 것으로 삼고, 다른 사람들과 나누지 말아라. 18 네 샘이 복된 줄 알고, 네가 젊어서 맞은 아내와 더불어 즐거워하여라. 19 아내는 사랑스러운 암사슴, 아름다운 암노루, 그의 품을 언제나 만족스럽게 생각하고, 그의 사랑을 언제나 사모하여라. 20 내 아들아, 어찌하여 음행하는 여자를 사모하며, 부정한 여자의 가슴을 껴안겠느냐? 21 주님의 눈은 사람의 길을 지켜보시며, 그 모든 길을 살펴보신다. 22 악인은 자기의 악에 걸리고, 자기 죄의 올무에 걸려들어서, 23 훈계를 받지 않아서 죽고, 너무나 미련하여 길을 잃는다.

{ 제6장 }

어리석은 사람이 되지 말아라

1 아이들아, 네가 이웃을 도우려고 담보를 서거나, 남의 딱한 사정을 듣고 보증을 선다면, 2 네가 한 그 말에 네가 걸려들고, 네가 한 그 말에 네가 잡힌다. 3 아이들아, 네가 너의 이웃의 손에 잡힌 것이니, 어서 그에게 가서 풀어달라고 겸손히 간청하여라. 너는 이렇게 하여 자신을 구하여라. 4 잠을 자지도 말고, 졸지도 말고 5 노루가 사냥꾼의 손에서 벗어나듯, 새가 새 잡는 사람의 손에서 벗어나듯, 어서 벗어나서 너 자신을 구하여라. 6 게으른 사람아, 개미에게 가서, 그들이 사는 것을 살펴보고 지혜를 얻어라. 7 개미는 우두머리도 없고 지휘관도 없고 통치자도 없지만, 8 여름 동안 양식을 마련하고, 추수 때에 먹이를 모아둔다. 9 게으른 사람아, 언제까지 누워 있으려느냐? 언제 잠에서 깨어 일어나려느냐? 10 "조금만 더 자야지, 조금만 더 눈을 붙여야지, 조금만 더 팔을 베고 누워 있어야지" 하면, 11 네게 가난이 강도처럼 들이닥치고, 빈곤이 방패로 무장

담보와 보증(1절)은 경제의 중요한 인자들입니다. 이를 외면해야 합니까? 주변에서 담보와 보증을 잘못 섰다가 고통받는 사람을 종종 봅니다. 다른 사람의 곤경을 모르는 체하는 것은 당연히 문제 있는 행동이지만, 담보와 보증은 결국 그 어려움에 빠진 당사자뿐 아니라 그와의 관계, 나아가 나 자신과 가족에게까지 영향을 미치는 결과를 가져올 때가 많습니다. 그럼에도 우리는 헛된 기대를 하며, 때론 나 자신을 지나치게 과대평가해 담보와 보증을 서곤 합니다. 잠언 말씀은 그에 대한 경고라고 볼 수 있습니다. 그러나 상대방에 따라 꼭 담보를 서겠다면 돌려받지 못할 각오, 그리고 그로 인해 일어날 어려움을 충분히 예상하며 대비하는 것이 필수입니다.

한 용사처럼 달려들 것이다. 12 건달과 악인은 그릇된 말이나 하며 돌아다닌다. 13 그들은 눈짓과 발짓과 손짓으로 서로 신호를 하며, 14 그 비뚤어진 마음으로 항상 악을 꾀하며, 싸움만 부추긴다. 15 그러므로 갑자기 닥쳐오는 재앙을 만나, 순식간에 망하고, 회복되지 못한다. 16 주님께서 미워하시는 것, 주님께서 싫어하시는 것이 예닐곱 가지이다. 17 교만한 눈과 거짓말하는 혀와 무죄한 사람을 피 흘리게 하는 손과 18 악한 계교를 꾸미는 마음과 악한 일을 저지르려고 치닫는 발과, 19 거짓으로 증거하는 사람과, 친구 사이를 이간하는 사람이다.

부도덕에 대한 경고

20 아이들아, 아버지의 명령을 지키고, 어머니의 가르침을 저버리지 말아라. 21 그것을 항상 네 마음에 간직하며, 네 목에 걸고 다녀라. 22 네가 길을 갈 때 그것이 너를 인도하여주며, 네가 잠잘 때에 너를 지켜주고, 네가 깨면 너의 말벗이 되어줄 것이다. 23 참으로 그 명령은 등불이요, 그 가르침은 빛이며, 그 훈계의 책망은 생명의 길이다. 24 이것이 너를 악한 여자에

수많은 악행 가운데 이 일곱 가지(16-19절)를 따로 골라 '주님께서 미워하시는 것'으로 지목하는 이유는 무엇입니까? 앞의 다섯 가지는 우리 신체 부분을 예로 들어 우리가 저지르기 쉬운 악을 다룹니다. 마지막 두 가지는 사람과 사람 사이의 관계를 파괴하는 행동을 다룹니다. 여기에 열거된 일곱 행동은 모두 상대방을 무시하고 짓밟아 고통스럽게 만드는 행동입니다. 주님을 경외한다 말하면서 다른 사람을 이용하고 유린하며 쓰러지게 만든다면, 결코 주님 앞에 합당하지 않을 것입니다. 주님을 경외하는 삶은 이웃과의 올바른 삶, 내 몸을 올바르고 선한 일에 사용하는 것으로 나타나기 마련입니다.

게서 지켜주고, 음행하는 여자의 호리는 말에 네가 빠지지 않게 지켜준다. 25 네 마음에 그런 여자의 아름다움을 탐내지 말고, 그 눈짓에 홀리지 말아라. 26 과연 창녀는 사람을 빵 한 덩이만 남게 만들며, 음란한 여자는 네 귀중한 생명을 앗아간다. 27 불을 가슴에 안고 다니는데 옷이 타지 않을 수 있겠느냐? 28 숯불 위를 걸어 다니는데 발이 성할 수 있겠느냐? 29 남의 아내와 간통하는 자가 이렇다. 남의 아내를 범하고서도 어찌 무사하기를 바라겠느냐? 30 도둑이 다만 허기진 배를 채우려고 훔쳤다면, 사람들은 그 도둑을 멸시하지 않을 것이다. 31 그래도 훔치다 들키면 일곱 배를 갚아야 하고, 심하면 자기 집에 있는 모든 재산을 다 내주어야 할 것이다. 32 남의 아내와 간음하는 사람은 생각이 모자라는 사람이다. 자기 영혼을 망치려는 사람만이 그런 일을 한다. 33 그는 매를 맞고 창피를 당할 것이니, 그 수치를 절대로 씻을 수 없을 것이다. 34 그의 남편이 질투에 불타서 복수하는 날, 조금도 동정하여주지 않을 것이다. 35 어떤 보상도 거들떠보려고 하지 않을 것이며, 아무리 많은 위자료를 가져다주어도 받으려 하지 않을 것이다.

5장에서 이미 성적인 부도덕 문제를 다뤄놓고 다시 같은 이슈(24–35절)를 꺼내는 까닭은 무엇입니까? 24절에서 '악한 여자'는 '음행하는 여자'와 대응되는데, 음행하는 여자에 해당하는 히브리어를 직역하면 '이방 여자'입니다. 그리고 이방 여자가 문제되는 까닭은 주님의 규례와 법을 모르기 때문입니다. 고대 이스라엘에 '창기'는 대개 이방 여자이다 보니, 이 같은 상징적 표현이 쓰였습니다. 그렇다고 이를 근거로 오늘의 여성을 바라보는 일은 매우 부당합니다. 1–9장에 등장하는 '음란한 여자', '이방 여자'는 사실상 '어리석음'을 상징합니다. 6장에 있는 본문 역시, "여자를 조심하라", "여자에 빠지지 말라"가 아니라 "어리석은 삶을 살지 말라", "주님의 규례를 버리고 자신의 욕심을 따라 살지 말라"는 권면으로 이해하는 것이 타당합니다.

{ 제7장 }

불신실한 자의 어리석음

1 아이들아, 내 말을 지키고, 내 명령을 너의 마음속 깊이 간직하여라. 2 내 명령을 지켜서 잘 살고 내 교훈을 너의 눈동자를 보호하듯 지켜라. 3 그것을 너의 손가락에 매고, 네 마음속 깊이 새겨두어라. 4 지혜에게는 "너는 내 누이"라고 말하고, 명철에게는 "너는 내 친구"라고 불러라. 5 그러면 그것이 너를 음행하는 여자로부터 지켜주고, 달콤한 말로 호리는 외간 여자로부터 지켜줄 것이다.

부도덕한 여인

6 나는, 나의 집 창가에서 창살문으로 내다보다가, 7 어수룩한 젊은이들 가운데, 지혜 없는 젊은이가 있는 것을 보았다. 8 그는 거리를 지나 골목 모퉁이로 가까이 가서, 그 여자의 집으로 가는 길로 발걸음을 옮겼다. 9 저녁이 되어 땅거미가 지고, 밤

"지혜에게는 '너는 내 누이'라고 말하고, 명철에게는 '너는 내 친구'라고 불러라"(4절). 어째서 글쓴이는 지혜를 '스승'이나 '아비'가 아니라 '누이'라 부르라고 했나요? 지혜는 누이로, 명철은 친구로 말하고 있습니다. 이와 같이 구약에서는 여성에 비유한 경우가 종종 등장합니다. 대표적으로 아가 같은 책에서는 연인을 가리켜 '누이'라고 부릅니다(예, 아 5:1). 잠언은 6장과 7장에서 '음란한 여인'에 대한 내용을 통해 어리석음을 멀리하고 지혜를 따를 것을 촉구합니다. 어리석음을 음란한 여인으로 표현한 것입니다. 그에 반해 7장 4절에서는 지혜 역시 여인으로 비유하면서 정말 따라가고 가까이해야 할 여성으로 지혜를 제시한다고 볼 수 있습니다.

이 되어 어두워진 때였다. 10 한 여자가 창녀 옷을 입고서, 교활한 마음을 품고 그에게 다가갔다. 11 그 여자는 마구 떠들며, 예의 없이 굴며, 발이 집에 머물러 있지를 못한다. 12 때로는 이 거리에서, 때로는 저 광장에서, 길목마다 몸을 숨기고 있다가, 13 그 젊은이를 와락 붙잡고 입을 맞추며, 뻔뻔스러운 얼굴로 그에게 말하였다. 14 "오늘 나는 화목제를 드려서, 서원한 것을 실행하였습니다. 15 그래서 나는 당신을 맞으러 나왔고, 당신을 애타게 찾다가, 이렇게 만나게 되었습니다. 16 내 침대에는 요도 깔아놓았고, 이집트에서 만든 무늬 있는 이불도 펴놓았습니다. 17 누울 자리에는 몰약과 침향과 육계향을 뿌려두었습니다. 18 자, 어서 가서 아침이 되도록 한껏 사랑에 빠지고, 서로 사랑하면서 즐깁시다. 19 남편도 먼 여행길을 떠나서 집에 없습니다. 20 돈주머니를 가지고 갔으니, 보름달이 뜰 때라야 집에 돌아올 겁니다." 21 이렇게 여러 가지 달콤한 말로 유혹하고 호리는 말로 꾀니, 22 그는 선뜻 이 여자의 뒤를 따라나섰다. 마치 도살장으로 끌려가는 소와도 같고, 올

여인은 왜 난데없이 화목제와 서원 이야기(14-15절)를 꺼내는 거죠? 화목제는 하나님께 감사와 기쁨으로 드리는 제사를 말합니다. 그중에는 자신이 무엇인가를 서원했기 때문에 드리는 경우도 있습니다. 본문의 의미가 쉽지는 않지만, 아마도 이 여인은 자신이 서원했던 것이 있고 그에 대한 감사로 화목제를 드렸으며, 그러한 서원과 화목제의 결과가 이렇게 만나게 된 당신이라고 젊은이를 유혹한 것 같습니다. 가운데 14-20절까지 이르는 여인의 말을 두고 21절은 '달콤한 말', '유혹하고 호리는 말'이라 표현했습니다. 이 여인은 이 만남을 마치 오래전부터 예정된 특별한 만남인 것처럼 꾸며서 젊은이의 행동을 합리화하고 정당화하면서 죄책감을 덜어주어 젊은이를 유혹하려고 합니다. 여기서도 주의할 점은 본문이 여인의 유혹 이야기가 아니라 '어리석은 삶, 불의한 삶으로의 유혹'임을 명심하는 것입니다.

가미에 채이러 가는 어리석은 사람과도 같다. 23 미처 자기 목숨을 잃는 줄도 모르고 그물 속으로 쏜살같이 날아드는 새와 같으니, 마침내 화살이 그의 간을 꿰뚫을 것이다. 24 아이들아, 이제 너희는 나의 말을 잘 들어라. 내가 하는 말을 명심하여라. 25 네 마음이 그 여자가 가는 길로 기울지 않게 하고, 그 여자가 가는 길로 빠져들지 않게 하여라. 26 그 여자에게 상처를 입고 쓰러진 사람이 많고, 그 여자 때문에 죽은 남자도 헤아릴 수 없이 많다. 27 그런 여자의 집은 스올로 트인 길이며, 죽음의 안방으로 내려가는 길이다.

{ 제8장 }

지혜 찬양

1 지혜가 부르고 있지 않느냐? 명철이 소리를 높이고 있지 않느냐? 2 지혜가 길가의 높은 곳과, 네거리에 자리를 잡고 서 있다. 3 마을 어귀 성문 곁에서, 여러 출입문에서 외친다. 4 "사람들아, 내가 너희를 부른다. 내가 모두에게 소리를 높인다. 5 어수룩한 사람들아, 너희는 명철을 배워라. 미련한 사람들아, 너희는 지혜를 배워라. 6 너희는 들어라. 나는 옳은 말만 하고, 내 입술로는 바른 말만 한다. 7 내 입은 진실을 말하며, 내 입술은 악을 싫어한다. 8 내가 하는 말은 모두 의로운 것뿐이며, 거기에는 비뚤어지거나 그릇된 것이 없다. 9 총명이 있는 사람은 이 모든 말을 옳게 여기고, 지식이 있는 사람은 이 모든 말을 바르게 여긴다. 10 너희는 은을 받기보다는 내 훈계를 받고, 금을 선택하기보다는 지식을 선택하여라. 11 참으로 지혜

지혜의 목소리는 애써 귀를 기울여야 들을 수 있는 게 아닐까요? 그런데 왜 솔로몬은 어디서나 울려 퍼져서 쉽게 들을 수 있는 것처럼 설명하는 걸까요?(1-4절) 애써 들어야 찾을 수 있는 것이 지혜이기도 하지만, 누구라도 어디서건 정말 옳은 길을, 바른길을 가고자 한다면 들을 수 있는 것이 지혜이기도 할 것입니다. 문제는 우리가 알면서도 일부러 외면하고 모른 체한다는 것입니다. 아울러 지혜가 길가, 성문, 출입문에서 외친다는 것은 삶의 모든 영역이 지혜의 영역임을 말하는 것이기도 합니다. 구약성경에 언급되는 '성문'은 단지 문을 가리키는 것이 아니라, 고대 이스라엘에서 성문 안으로 들어가면 늘 존재하는 광장을 가리킵니다. 그래서 지혜는 신앙생활이나 교회 생활에만 해당되는 것이 아니라, 성문이나 길가로 대표되는 공적인 삶의 영역 전체에 해당되는 것임을 이 본문이 말합니다.

는 진주보다 좋으며, 네가 갖고 싶어 하는 그 어떤 것도 이것과 비교할 수 없다."

지혜가 하는 말

12 "나 지혜는 명철로 주소를 삼으며, 지식과 분별력을 가지고 있다. 13 주님을 경외하는 것은 악을 미워하는 것이다. 나는 교만과 오만, 악한 행실과 거짓된 입을 미워한다. 14 내게는 지략과 건전한 지혜가 있으며, 명철과 능력이 있다. 15 내 도움으로 왕들이 통치하며, 고관들도 올바른 법령을 내린다. 16 내 도움으로 지도자들이 바르게 다스리고, 고관들 곧 공의로 재판하는 자들도 올바른 판결을 내린다. 17 나는, 나를 사랑하는 사람을 사랑하며, 나를 간절히 찾는 사람을 만나준다. 18 부귀와 영화도 내게 있으며, 든든한 재물과 의도 내게 있다. 19 내가 맺어주는 열매는 금이나 순금보다 좋고, 내가 거두어주는 소출은 순은보다 좋다. 20 나는 의로운 길을 걸으며, 공의로운 길 한가운데를 걷는다. 21 나를 사랑하는 사람에게는 내가 재물을 주어서, 그

"나 지혜는 명철로 주소를 삼으며, 지식과 분별력을 가지고 있다"(12절). 여기서 지혜가 명철로 주소를 삼는다는 것은 무슨 뜻입니까? 쉽게 말하자면 "지혜는 명철 안에 거한다"는 뜻입니다. 지혜와 명철은 같은 뜻을 가진 다른 단어입니다. 잠언을 읽다 보면 이렇게 비슷한 단어가 연이어 나오는 것을 종종 보게 됩니다. 이런 식의 동어 반복을 통해 말하고자 하는 내용을 더욱 강조하는 것입니다. 같은 절에 있는 지식과 분별력 역시 비슷한 의미입니다. "내게는 지략과 건전한 지혜가 있으며, 명철과 능력이 있다"(14절)에서 보듯, 지혜는 지략, 건전한 지혜, 명철, 능력으로 설명되기도 합니다. 지혜라는 것이 실제로 어떤 역할을 하는지, 지혜를 얻으면 어떤 변화가 일어나는지를 이 같은 표현을 통해 다양한 단어로 말하고 있습니다.

의 금고가 가득 차게 하여줄 것이다. 22 주님께서 일을 시작하시던 그 태초에, 주님께서 모든 것을 지으시기 전에, 이미 주님께서는 나를 데리고 계셨다. 23 영원 전, 아득한 그 옛날, 땅도 생기기 전에, 나는 이미 세움을 받았다. 24 아직 깊은 바다가 생기기도 전에, 물이 가득한 샘이 생기기도 전에, 나는 이미 태어났다. 25 아직 산의 기초가 생기기 전에, 언덕이 생기기 전에, 나는 이미 태어났다. 26 주님께서 아직 땅도 들도 만들지 않으시고, 세상의 첫 흙덩이도 만들지 않으신 때이다. 27 주님께서 하늘을 제자리에 두시며, 깊은 바다 둘레에 경계선을 그으실 때에도, 내가 거기에 있었다. 28 주님께서 구름 떠도는 창공을 저 위 높이 달아매시고, 깊은 샘물을 솟구치게 하셨을 때에, 29 바다의 경계를 정하시고, 물이 그분의 명을 거스르지 못하게 하시고, 땅의 기초를 세우셨을 때에, 30 나는 그분 곁에서 창조의 명공이 되어, 날마다 그분을 즐겁게 하여드리고, 나 또한 그분 앞에서 늘 기뻐하였다. 31 그분이 지으신 땅을 즐거워하며, 그분이 지으신 사람들을 내 기쁨으로 삼았다. 32 그러므로 아이들아, 이제 내 말을 들어라. 내 길을 따르는 사람이 복이 있다. 33 내 훈계를 들어서 지혜를 얻고, 그것을 무시하지 말아라. 34 날마다 나의 문을 지켜

마치 지혜가 하나님을 도와 창조에 개입한 것처럼 묘사되어 있습니다(22절). 사실적인 설명인가요, 비유적인 표현인가요? 지혜는 갑작스러운 것이나 요즘 널리 알려진 것이 아니라 처음부터 존재했던 것임을 이 같은 표현으로 말한다고 볼 수 있습니다. 여기에서도 지혜를 의인화해서 표현합니다. 하나님께서 세상을 창조하실 때 지혜를 가지셨다는 것은, 지혜는 하나님의 창조에도 필요한 것임을 말합니다. 지혜는 그저 무엇을 더 아는 것 정도가 아니라, 하나님의 창조 때도 필요하고, 지도자가 나라를 다스리는 데도 필요하며, 올바른 길을 걸어가는 데도 필요한 것임을 말합니다. 이를 위해 8장은 지혜가 반드시 필요한 삶의 여러 영역과 역할을 다룹니다.

보며, 내 문설주 곁에 지키고 서서, 내 말을 듣는 사람은 복이 있다. 35 나를 얻는 사람은 생명을 얻고, 주님께로부터 은총을 받을 것이다. 36 그러나 나를 놓치는 사람은 자기 생명을 해치는 사람이며, 나를 미워하는 사람은 죽음을 사랑하는 사람이다."

{ 제9장 }

지혜와 어리석음

1 지혜가 일곱 기둥을 깎아 세워서 제 집을 짓고, 2 짐승을 잡고, 포도주를 잘 빚어서, 잔칫상을 차린 다음에, 3 시녀들을 보내어, 성읍 높은 곳에서 외치게 하였다. 4 "어수룩한 사람은 누구나 이리로 발길을 돌려라." 지각이 모자라는 사람도 초청하라고 하였다. 5 "와서 내가 차린 음식을 먹고, 내가 잘 빚은 포도주를 마셔라. 6 어수룩한 길을 내버리고, 생명을 얻어라. 명철의 길을 따라가거라" 하였다.

지혜가 일곱 기둥을 깎아 세운다(1절)는 게 무슨 뜻이죠? 성경에서 숫자 7은 완전함, 특히 하나님의 완전하심을 상징합니다. 대표적인 것이 하나님께서 세상을 창조하신 기간으로서의 7일입니다. 40년 광야 생활 후 가나안 땅에 입성할 때 이스라엘은 여리고 성을 7일간 돌되, 일곱째 날에는 일곱 바퀴를 돌았고, 소리를 지를 때 성이 무너졌습니다(수 6장). 이 같은 예들은 숫자 7의 특징을 잘 보여줍니다. 숫자 7의 특징은 이스라엘만이 아니라 고대 중동 지방에도 널리 퍼져 있었습니다. 이러한 특징을 생각하면, 지혜가 거처하는 집에 일곱 기둥이 있다는 것은 지혜의 집이야말로 튼튼하며 무너지지 않는 집임을 말한다고 볼 수 있습니다.

참 지혜

7 거만한 사람을 훈계하면 수치를 당할 수 있고, 사악한 사람을 책망하면 비난을 받을 수 있다. 8 거만한 사람을 책망하지 말아라. 그가 너를 미워할까 두렵다. 지혜로운 사람은 꾸짖어라. 그가 너를 사랑할 것이다. 9 지혜로운 사람은 훈계를 할수록 더욱 지혜로워지고 의로운 사람은 가르칠수록 학식이 더할 것이다. 10 주님을 경외하는 것이 지혜의 근본이요, 거룩하신 이를 아는 것이 슬기의 근본이다. 11 나 지혜로 말미암아 네가 오래 살 것이요, 네 수명도 길어질 것이다. 12 네가 지혜로우면 그 지혜가 네게 유익하지만, 네가 거만하면 그 거만이 너만 해롭게 할 것이다.

어리석은 여자

13 어리석은 여자는 수다스럽다. 지각이 없으니, 아는 것이 아무것도 없다. 14 그러한 여자는 자기 집 문 앞에 앉거나, 마을 높은 곳에 앉아서, 15 제 갈 길만 바쁘게 가는 사람에게 16 "어

'거만한 사람'은 어떤 인물입니까? 그저 으스대고 거드름을 피우는 이를 가리키나요? 7절과 8절을 비롯해 잠언에서 '거만한 사람'이라고 옮겨진 표현의 가장 기본적인 의미는 '조롱하다', '비웃다'입니다. 다른 사람을 비웃고 조롱한다는 것은 다른 사람을 가벼이 여기고 멸시한다는 것이기에, 이런 사람을 두고 거만한 사람이라고 말할 수 있겠지요. 이와 같은 사람은 누군가 옳고 바른길을 걸어가려고 애쓸 때, "나도 한때는 그랬다"는 식으로 비웃기도 하고, "세상이 호락호락하지 않다"며 조롱하기도 합니다. 이와 같이 거만한 이들을 향해 그들의 잘못을 아무리 지적해도 좋은 소리를 듣지 못할 것입니다. 이를 생각하면, 거만한 사람은 자신의 잘못을 돌아볼 줄 모르는 사람, 반성할 줄 모르는 사람이라고도 생각할 수 있겠습니다.

수룩한 사람은 누구나 이리로 발길을 돌려라" 하고 소리친다. 지각이 모자라는 사람에게도 이르기를 17 "훔쳐서 마시는 물이 더 달고, 몰래 먹는 **빵**이 더 맛있다" 하고 말한다. 18 그런데도 어리석은 사람은, 죽음의 그늘이 바로 그곳에 드리워져 있다는 것을 모른다. 그 여자를 찾아온 사람마다 이미 스올의 깊은 곳에 가 있다는 것을, 그 어리석은 사람은 알지 못한다.

{ 제10장 }

솔로몬의 잠언

1 이것은 솔로몬의 잠언이다. 지혜로운 아들은 아버지를 기쁘게 하지만, 미련한 아들은 어머니의 근심거리이다. 2 부정하게 모은 재물은 쓸모가 없지만, 의리는 죽을 사람도 건져낸다. 3 주님은 의로운 생명은 주리지 않게 하시지만, 악인의 탐욕은 물리치신다. 4 손이 게으른 사람은 가난하게 되고 손이 부지런한 사람은 부유하게 된다. 5 곡식이 익었을 때에 거두어들이는 아들은 지혜가 있는 아들이지만, 추수 때에 잠만 자고 있으면, 부끄러운 아들이다. 6 의인은 머리에 복을 이고 있으나, 악인은 입에 독을 머금고 있다. 7 의인은 칭찬을 받으며 기억되지만, 악인은 그 이름마저 기억에서 사라진다. 8 마음이 지혜로운 사람은 명령을 받아들이지만, 입을 어리석게 놀리는 사람은 멸망한다. 9 흠 없이 살면 앞길이 평안하지만, 그릇되게

1절에 굳이 이렇게 밝히고 있는 이유는 솔로몬이 쓰지 않은 잠언도 있다는 말인가요? 잠언 서론에서도 다루었듯이, 이와 같은 지혜로운 말과 격언은 이스라엘만의 현상이 아니라 고대 중동 지역 전체에서 찾아볼 수 있는 현상입니다. 솔로몬 시대는 국제 교류가 활발했던 시대이기에, 당시 세계 전체의 문화와 교양 역시 활발하게 교류되었을 것입니다. 솔로몬 스스로 지혜로운 임금이기도 했기에, 솔로몬 시대는 이와 같은 지혜 혹은 지혜문학, 지혜운동이 활발하던 시기이기도 했을 것입니다. 그리고 수천 년 전 고대에 생겨난 문헌을 두고 오늘날 같은 '저자' 개념을 생각하는 것은 부적합한 접근 방법입니다. '솔로몬의 잠언'은 저자를 표현한 것이 아니라, 솔로몬의 후원과 함께 생겨난 잠언, 솔로몬의 영향으로 생겨난 잠언, 솔로몬 시대와 연관된 잠언 등 여러 의미를 지닐 수 있습니다.

살면 마침내 드러나게 된다. 10 눈을 흘기면 고난이 생기고, 입을 어리석게 놀리는 사람은 멸망한다. 11 의인의 입은 생명의 샘이지만, 악인의 입은 독을 머금고 있다. 12 마음은 다툼을 일으키지만, 사랑은 모든 허물을 덮어준다. 13 명철한 사람의 입술에는 지혜가 있지만, 지혜가 없는 사람의 등에는 매가 떨어진다. 14 지혜로운 사람은 지식을 간직하지만, 미련한 사람의 입은 멸망을 재촉한다. 15 부자의 재산은 그의 견고한 성이 되지만, 가난한 사람의 빈곤은 그를 망하게 한다. 16 의인의 수고는 생명에 이르고, 악인의 소득은 죄에 이른다. 17 훈계를 지키는 사람은 생명의 길에 이르지만, 책망을 저버리는 사람은 잘못된 길로 들어선다. 18 미움을 감추는 사람은 거짓말하는 사람이요, 남을 중상하는 사람은 미련한 사람이다. 19 말이 많으면 허물을 면하기 어려우나, 입을 조심하는 사람은 지혜가 있다. 20 의인의 혀는 순수한 은과 같지만, 악인의 마음은 아무 가치가 없다. 21 의인의 입술은 많은 사람을 먹여 살리지만, 어리석은 사람은 생각 없이 살다가 죽는다. 22 주님께서 복을 주셔서 부유하게 되는 것인데, 절대로 근심을 곁들여주시지 않는다. 23 미련한 사람은 나쁜 일을 저지르는 데서 낙을

'재물'(2절) 자체는 가치중립적인 물질이 아닐까요? 부정하게 모았더라도 제대로 쓸 수 있잖아요. 당연히 재물 자체는 중립적입니다. 그런데 만일 '부정하게' 모았다면 중립적일 수 없겠지요. 어느 사회이건 재물을 모으는 어떤 방법을 '부정'이라 규정한다면, 그것은 당시 사회가 정한 원칙과 어긋난다는 뜻이며 다른 사람에게 피해를 줄 수 있다는 의미일 것입니다. 그러므로 부정하게 얻은 재물을 제대로 쓴다는 것은 모순입니다. 누군가를 속이고 억울하게 만들어서 모은 돈으로 다른 사람을 돕는 일에 쓴다는 것은 올바르지 않습니다. 2절은 그렇게라도 돈을 모아 남을 도울 것이 아니라, 그런 재물이 없더라도 이웃에게 의리를 지키며 살아야 한다고 말합니다.

누리지만, 명철한 사람은 지혜에서 낙을 누린다. 24 악인에게는 두려워하는 일이 닥쳐오지만, 의인에게는 바라는 일이 이루어진다. 25 회오리바람이 지나가면, 악인은 없어져도, 의인은 영원한 기초처럼 꼼짝하지 않는다. 26 게으른 사람은 부리는 사람에게, 이에 초 같고, 눈에 연기 같다. 27 주님을 경외하면 장수를 누리지만, 악인의 수명은 짧아진다. 28 의인의 희망은 기쁨을 거두지만, 악인의 희망은 끊어진다. 29 주님의 도가 정직한 사람에게는 힘이 되지만, 악행을 하는 사람에게는 멸망이 된다. 30 의인은 영원히 흔들리지 않지만, 악인은 땅에서 배겨내지 못한다. 31 의인의 입에서는 지혜가 나오지만, 거짓 말하는 혀는 잘릴 것이다. 32 의인의 입술은 남을 기쁘게 하는 말이 무엇인지 알지만, 악인의 입은 거짓을 말할 뿐이다.

잠언이 말하는 의인과 악인(16절)은 구체적으로 어떤 이들을 가리킵니까? 잠언은 '올바른 관계의 추구'라고 요약할 수 있습니다. 하나님과 올바른 관계를 맺는 것, 그리고 사람과 올바른 관계를 맺는 것이 지혜로운 삶입니다. 그런데 올바른 관계를 구약에서는 '공의' 혹은 '의로움'이라고 표현합니다. 그래서 의로운 사람은 다름 아닌 지혜로운 사람입니다. 잠언이 여러 번 반복하며 강조하는 "하나님을 경외하는 것이 지혜의 근본"이라는 가르침은 하나님과의 올바른 관계를 말합니다. 그리고 대부분의 잠언은 이웃을 어떻게 대해야 할지 가르칩니다. 이를 테면, 12절에서는 "미움은 다툼을 일으키지만, 사랑은 모든 허물을 덮어준다"고 가르칩니다. 이웃에게 이렇게 행할 때 그는 지혜로운 사람, 즉 '의인'입니다. 반면 하나님과 사람에게 이렇게 올바르게 행하기를 원치 않는 사람, 그는 어리석은 사람이며 악인입니다.

{ 제11장 }

언행을 조심하라

1 속이는 저울은 주님께서 미워하셔도, 정확한 저울추는 주님께서 기뻐하신다. 2 교만한 사람에게는 수치가 따르지만, 겸손한 사람에게는 지혜가 따른다. 3 정직한 사람은 성실하게 살아, 바른길로 가지만, 사기꾼은 속임수를 쓰다가 제 꾀에 빠져 멸망한다. 4 재물은 진노의 날에 쓸모가 없지만, 의리는 죽을 사람도 건져낸다. 5 흠 없는 사람은 그의 옳은 행실로 그가 사는 길을 곧게 하지만, 악한 사람은 자신의 악 때문에 쓰러진다. 6 정직한 사람의 옳은 행실은 그를 구원하지만, 반역하는 사람은 제 욕심에 걸려 넘어진다. 7 악인은 죽을 때에 그들의 희망도 함께 끊어지고, 불의에 걸었던 기대도 물거품이 된다. 8 의인은 재난에 빠져도 구원을 받지만, 악인은 오히려 재난 속으로 빠져들어 간다. 9 하나님을 경외하지 않는 사람은 입으로 이웃을 망하게 하지만, 의인은 지식으로 구원을 얻는다. 10 의인이 잘되면 마을이 기뻐하고, 악인이 망하면 마을이 환호한

'진노의 날'(4절)은 무슨 뜻입니까? 구약성경과 신약성경은 우리 삶과 역사 가운데 하나님의 심판의 날이 임할 것임을 증언합니다. 신약에서는 예수님께서 다시 오시는 날로 표현하고, 구약에서는 '심판의 날', 혹은 이 구절에서처럼 '진노의 날'로 표현합니다. 그런 진노의 날은 마침내 온 땅에 하나님께서 최종 심판자로 임하시는 날을 가리키지만, 그 궁극적인 날만이 아니라 우리의 인생길에서도 반드시 하나님께서 옳고 그름을 심판하십니다. 지금 당장은 악이 이기는 것 같고 선이 실패한 것 같아 보이지만, 구약의 신앙인들은 반드시 하나님께서 이를 바로잡으실 날이 온다고 믿었습니다.

다. 11 정직한 사람이 축복하면 마을이 흥하고, 악한 사람이 입을 열면 마을이 망한다. 12 지혜가 없는 사람은 이웃을 비웃지만, 명철한 사람은 침묵을 지킨다. 13 험담하며 돌아다니는 사람은 남의 비밀을 새게 하지만, 마음이 믿음직한 사람은 비밀을 지킨다. 14 지도자가 없으면 백성이 망하지만, 참모가 많으면 평안을 누린다. 15 모르는 사람의 보증을 서면 고통을 당하지만, 보증 서기를 거절하면 안전하다. 16 덕이 있는 여자는 존경을 받고, 부지런한 남자는 재물을 얻는다. 17 인자한 사람은 자기의 생명을 이롭게 하고, 잔인한 사람은 자기의 몸을 해친다. 18 악인에게 돌아오는 삯은 헛것이지만, 정의를 심는 사람은 참 보상을 받는다. 19 정의에 굳게 서는 사람은 생명에 이르지만, 악을 따르는 사람은 죽음에 이른다. 20 주님은 마음이 비뚤어진 사람은 미워하시지만, 올바른 길을 걷는 사람은 기뻐하신다. 21 악인은 틀림없이 벌을 받지만, 의인의 자손은 반드시 구원을 받는다. 22 아름다운 여인이 삼가지 아니하는 것은 돼지 코에 금고리 격이다. 23 의인이 바라는 것은 좋은 일뿐이

지식이 어떻게 인간을 구원할 수 있습니까?(9절) '구원'이라고 하면 우리는 얼핏 죽은 뒤의 영원한 삶 같은 것을 생각하지만, 근본적으로 잠언과 성경이 말하는 구원은 하나님과 동행하는 삶입니다. 그리고 하나님과 동행하는 삶은 하루 종일 하나님만 생각하는 삶이 아니라, 하나님의 법과 말씀을 따라 참되게 살아가는 삶이라고 할 수 있습니다. 이 구절이 말하는 '지식'은 많은 것을 아는 지식이 아니라, 잠언이 줄기차게 다루는 대로, 올바른 삶에 대한 깨달음이라고 볼 수 있습니다. 무엇이 올바른 삶이고 어떻게 살아야 하는지 깨달아갈 때, 당연히 우리 삶은 더욱 풍성하고 참될 것입니다. 즉 우리로 하여금 하나님과 동행하며 올바른 삶을 살게 한다는 점에서 지식은 인간을 구원으로 이끈다고 표현할 수 있습니다. 그 반대말로, 악을 따르는 삶은 그 자체로 죽은 삶입니다(19절).

지만, 악인이 기대할 것은 진노뿐이다. 24 남에게 나누어주는 데도 더욱 부유해지는 사람이 있는가 하면, 마땅히 쓸 것까지 아끼는데도 가난해지는 사람이 있다. 25 남에게 베풀기를 좋아하는 사람이 부유해지고, 남에게 마실 물을 주면, 자신도 갈증을 면한다. 26 곡식을 저장하여두기만 하는 사람은 백성에게 저주를 받고, 그것을 내어 파는 사람에게는 복이 돌아온다. 27 좋은 일을 애써 찾으면 은총을 받지만, 나쁜 일을 애써 추구하면 나쁜 것을 되받는다. 28 자기의 재산만을 믿는 사람은 넘어지지만, 의인은 푸른 나뭇잎처럼 번성한다. 29 자기 집을 해치는 사람은 바람만 물려받을 것이요, 어리석은 사람은 마음이 지혜로운 사람의 종이 될 것이다. 30 의인이 받는 열매는 생명의 나무요, 폭력을 쓰는 사람은 생명을 잃는다. 31 의인이 이 땅에서 한 대로 보상을 받는데, 악인과 죄인이 그 값을 치르지 않겠는가?

'올바른 길을 걷는 사람(the blameless in their ways)'(20절)은 누굴 말합니까? 항상 올바른 길을 걸을 수 있는 사람이 있을까요? 고대 시대나 지금이나 그런 사람은 거의 없을 것입니다. 말 그대로 우리 삶에서 한 점 흠 없이 사는 사람을 가리켜 '그 길에서 흠이 없는 사람', 즉 '올바른 길을 걷는 사람'이라고 한다면, 그 누구도 하나님께서 기뻐하시는 사람이 될 수 없습니다. 죄를 안 지어서 흠 없는 것이 아니라, 잘못을 하면 언제든 잘못했다고 인정하는 것, 자신이 틀렸을 때는 나이가 몇 살이고 사회적 지위가 무엇이든 내가 틀렸다고 인정하는 것, 그리고 자신의 잘못을 깨달았다면 언제든 인정하고 올바른 길을 걸어가려고 다시 새롭게 시작하는 것, 그것이 '흠 없는 삶'입니다. 하나님께서는 그렇게 올바른 길을 걷는 이를 기뻐하십니다.

{ 제12장 }

악의 그늘에 못 숨는다

1 훈계받기를 좋아하는 사람은 지식을 사랑하지만, 책망받기를 싫어하는 사람은 짐승같이 우둔하다. 2 선한 사람은 주님으로부터 은총을 받지만, 악을 꾀하는 사람은 정죄를 받는다. 3 사람은 악행으로 터를 굳게 세울 수 없지만, 의인의 뿌리는 흔들리지 않는다. 4 어진 아내는 남편의 면류관이지만, 욕을 끼치는 아내는 남편의 뼛속을 썩게 한다. 5 의인의 생각은 곧지만, 악인의 궁리는 속임수뿐이다. 6 악인이 하는 말은 피 흘릴 음모뿐이지만, 정직한 사람의 말은 사람을 구하여낸다. 7 악인은 쓰러져서 사라지지만, 의인의 집은 든든히 서 있다. 8 사람은 그 지혜대로 칭찬을 받지만 마음이 비뚤어진 사람은 멸시를 받는다. 9 업신여김을 받더라도 종을 부리는 사람은, 스스로 높은 체하면서 먹을 빵이 없는 사람보다 낫다. 10 의인은 집짐승의 생명도 돌보아주지만, 악인은 자비를 베푼다고 하여도 잔인하다. 11 밭을 가는 사람은 먹을 것이 넉넉하지만, 헛

10절의 내용은 짐승들을 어여삐히고 보살펴주길 하나님이 바라신다는 뜻인가요? 어째서 그렇죠? 노아의 홍수 이후에 새로 시작하는 인류를 향해 하나님께서는 사람이건 짐승이건 함부로 피를 흘리게 해서는 안 된다는 한 가지를 당부하셨습니다(창 9:5). 사람이 하나님의 형상이며 온 땅을 다스리는 왕과 같은 존재라는 표현 역시, 우리 사는 세상과 그 안에 있는 생태계를 우리 마음대로 써도 된다는 의미가 아니라, 온 세상을 섬기는 자로 살아가라는 의미입니다. 그러므로 하나님을 사랑하고 그 명령을 따르는 삶은 우리와 함께 있는 가축을 잘 돌보라는 당부로도 표현되는 것이 당연할 겁니다.

된 것을 꿈꾸는 사람은 지각이 없다. 12 악인은 불의한 이익을 탐하지만, 의인은 그 뿌리로 말미암아 열매를 맺는다. 13 악인은 입술을 잘못 놀려 덫에 걸리지만, 의인은 재난에서 벗어난다. 14 사람은 열매 맺는 말을 하여 좋은 것을 넉넉하게 얻으며, 자기가 손수 일한 만큼 되돌려받는다. 15 어리석은 사람은 자신의 행실만이 옳다고 여기지만, 지혜로운 사람은 충고에 귀를 기울인다. 16 미련한 사람은 쉽게 화를 내지만, 슬기로운 사람은 모욕을 참는다. 17 진실을 말하는 사람은 정직한 증거를 보이지만, 거짓 증인은 속임수만 쓴다. 18 함부로 말하는 사람의 말은 비수 같아도, 지혜로운 사람의 말은 아픈 곳을 낫게 하는 약이다. 19 진실한 말은 영원히 남지만, 거짓말은 한순간만 통할 뿐이다. 20 악을 꾀하는 사람의 마음에는 속임수가 들어 있지만, 평화를 꾀하는 사람에게는 기쁨이 있다. 21 의인은 아무런 해도 입지 않지만, 악인은 재난에 파묻혀 산다. 22 주님은 거짓말을 하는 입술은 미워하시지만, 진실하게 사는 사람은 기뻐하신다. 23 슬기로운 사람은 지식을 감추어두어도, 미련한

의인의 '뿌리'(12절)란 무얼 말합니까? 이 구절은 대부분의 번역 성경에서 조금씩 다르게 옮겨져 있을 정도로 본래의 의미를 찾기 어렵습니다. 분명한 것은 이 구절에서도 의인과 악인이 대조되어 있다는 점입니다. 악인이 찾는 것은 '불의한 이익'입니다. 그렇다면 '의인의 뿌리'는 그와 대조된 것이니, 겉으로 잘 드러나 보이지 않는 것, 당장 눈앞에는 아무것도 없어 보이는 것을 가리킨다고 볼 수 있지 않을까요? 불의한 이익을 추구하는 악인은 당장에 이런저런 결실을 거두는 반면, 의롭게 살아가려는 이는 아무것도 거두지 못하는 것 같고 늘 손해를 보는 것만 같습니다. 그렇지만 우리에게는 보이지 않는 저 아래 깊은 곳에 '의인의 뿌리'가 있어서 마침내 그 뿌리에서 줄기가 솟아나고 결실을 맺을 것입니다. 이렇게 생각하면, '의인의 뿌리'는 주님을 가리킨다고 생각해볼 수도 있습니다.

사람의 마음은 어리석음을 전파한다. 24 부지런한 사람의 손은 남을 다스리지만, 게으른 사람은 남의 부림을 받는다. 25 마음에 근심이 있으면 번민이 일지만, 좋은 말 한마디로도 사람을 기쁘게 할 수 있다. 26 의인은 이웃에게 바른길을 보여주지만, 악인은 이웃을 나쁜 길로 빠져들게 한다. 27 게으른 사람은 사냥한 것도 불에 구우려 하지 않지만, 부지런한 사람은 귀한 재물을 얻는다. 28 의로운 사람의 길에는 생명이 있지만, 미련한 사람의 길은 죽음으로 이끈다.

{ 제13장 }

지혜 있는 친구를 사귀어라

1 지혜로운 아들딸들은 아버지의 가르침을 듣지만, 거만한 사람은 꾸지람을 듣지 않는다. 2 선한 사람은 열매 맺는 말을 하여 좋은 것을 넉넉하게 얻지만, 반역자는 폭행을 당할 뿐이다.

12장 14절에 이어 연거푸 등장하는 '열매 맺는 말'(2절)은 어떤 말을 이야기합니까? 18상 20절에도 같은 표현이 있습니다. 여기에서 '열매 맺는 말'이라고 옮긴 표현을 직역하면 '입의 열매'인데, 사람이 하는 '말'을 가리키는 전형적인 표현입니다. 입 속으로 음식물이 들어가기도 하지만 그 입에서 말이 나오기도 하기에, 말은 많은 것을 먹은 입이 맺는 열매입니다. 그리고 그렇게 입에서 나온 말 역시 그에 맞는 결과가 있습니다. 선하고 바른 말을 해서 그에 맞는 결실을 거두는 이가 있고, 거짓말과 다른 사람을 해치는 말을 해서 그에 따른 결과를 거두는 사람도 있습니다. 우리가 하는 모든 말은 열매를 거둡니다. 이제 관건은 그렇다면 어떤 열매를 거둘 것인가, 그리고 그를 위해 어떤 말을 할 것인가이겠지요.

3 말을 조심하는 사람은 자신의 생명을 보존하지만, 입을 함부로 여는 사람은 자신을 파멸시킨다. 4 게으른 사람은 아무리 바라는 것이 있어도 얻지 못하지만, 부지런한 사람의 마음은 바라는 것을 넉넉하게 얻는다. 5 의인은 거짓말하기를 싫어하지만, 악인은 염치도 없이 수치스러운 일을 한다. 6 흠 없이 사는 사람의 의는 그의 길을 지켜주지만, 죄인의 악은 그를 망하게 한다. 7 부자인 체하나 아무것도 없는 사람이 있는가 하면, 가난한 체하나 많은 재물을 가진 사람이 있다. 8 부유한 사람은 재물로 자기 목숨을 속하기도 하지만, 가난한 사람은 협박을 받을 일이 없다. 9 의인의 빛은 밝게 빛나지만, 악인의 등불은 꺼져버린다. 10 교만에서는 다툼만 일어날 뿐이다. 지혜 있는 사람은 충고를 받아들인다. 11 쉽게 얻은 재산은 줄어드나, 손수 모은 재산은 늘어난다. 12 소망이 이루어지지 않으면 마음이 병들지만, 소원이 이루어지면 생명나무를 얻는다. 13 말씀을 멸시하는 사람은 스스로 망하지만, 계명을 두려워하는 사람은 상을 받는다. 14 지혜 있는 사람의 가르침은 생명의 샘이니, 죽음의 그물에서 벗어나게 한다. 15 선한 지혜는 은혜를 베푸나, 배신자의 길은 스스로 멸망하는 길이다. 16 영

'흠 없이 사는 사람'(6절)이라는 표현이 마음에 걸립니다. 과연 그런 인간이 몇이나 될까요? 존재하기는 하는 걸까요? 비슷한 내용을 지닌 11장 20절을 살펴보면 좋겠습니다. 그 누구도 흠 없는 사람은 없습니다. 하나님께서 사람에게 찾으시는 것은 흠이 단 하나도 없는 삶이 아니라 언제라도 자신의 잘못을 인정하는 삶, 그리고 잘못한 자신을 책망하고 한탄하며 체념해 그 자리에 주저앉는 것이 아니라 언제든 자신의 잘못을 인정하고 다시 새롭게 올바른 길을 걸어가고자 한 걸음을 내딛는 삶, 그것이 잠언을 비롯한 성경이 말하는 흠 없는 삶입니다. 그럴 때 놀랍게도 하나님께서는 그러한 사람을 보시고 흠 없다, 완전하다 말씀해주십니다.

리한 사람은 잘 알고 행동하지만, 미련한 사람은 어리석음만을 드러낸다. 17 못된 전령은 사람을 재앙에 빠지게 하지만, 충직한 사신은 재앙을 물리치는 일을 한다. 18 훈계를 저버리면 가난과 수치가 닥치지만, 꾸지람을 받아들이면 존경을 받는다. 19 소원이 이루어지면 마음이 즐겁지만, 미련한 사람은 악에서 떠나기를 싫어한다. 20 지혜로운 사람과 함께 다니면 지혜를 얻지만, 미련한 사람과 사귀면 해를 입는다. 21 죄인에게는 재앙이 따르지만, 의인에게는 좋은 보상이 따른다. 22 선한 사람의 유산은 자손 대대로 이어지지만, 죄인의 재산은 의인에게 주려고 쌓은 것이다. 23 가난한 사람이 경작한 밭에서는 많은 소출이 날 수도 있으나, 불의가 판을 치면 그에게 돌아갈 몫이 없다. 24 매를 아끼는 것은 자식을 사랑하지 않는 것이다. 자식을 사랑하는 사람은 훈계를 게을리하지 않는다. 25 의인은 배불리 먹지만, 악인은 배를 주린다.

어째서 '죄인의 재산은 의인에게 주려고 쌓은 것'(22절)이 된다는 말인가요? 잠언은 당장에는 그렇게 보이지 않아도 모든 선은 결국 좋은 열매를 거두고 악은 마침내 참담한 결과를 맞는다고 선언하고 확신합니다. 악하고 그릇된 방법으로 제아무리 결실을 모아도 그것은 자신에게 그리고 그 자손에게 아무런 도움이 되지 않으며, 결국 그 모은 것은 다른 사람에게 돌아갈 것입니다. 이를 두고 잠언은 그들이 모은 재산이 의인에게 돌아간다고 표현합니다. 우리 눈으로 세세히 확인할 수는 없겠지만, 이와 같은 잠언의 진술은 죄인에게 임할 궁극적인 심판, 그리고 의인이 누릴 궁극적인 복을 표현합니다.

{ 제14장 }

지혜가 주는 유익

1 지혜로운 여자는 집을 세우지만, 어리석은 여자는 제 손으로 집을 무너뜨린다. 2 바른길을 걷는 사람은 주님을 경외하지만, 그릇된 길을 걷는 사람은 주님을 경멸한다. 3 미련한 사람의 말은 교만하여 매를 자청하지만, 지혜로운 사람의 말은 그를 지켜준다. 4 소가 없으면 구유는 깨끗하지만, 소가 힘을 쓰면 소출이 많아진다. 5 진실한 증인은 거짓말을 아니하여도, 거짓 증인은 거짓말을 뱉는다. 6 거만한 사람은 지혜를 구해도 얻지 못하지만, 명철한 사람은 쉽게 지식을 얻는다. 7 미련한 사람의 앞을 떠나라. 네가 그의 말에서 지식을 배우지 못할 것이다. 8 슬기로운 사람의 지혜는 자기가 가는 길을 깨닫게 하지만, 미련한 사람의 어리석음은 자기를 속인다. 9 어리석은 사람은 속죄제사를 우습게 여기지만, 정직한 사람은 하나님의 은

'속죄제사'란 무엇이고 '은총'과 어떤 연관이 있습니까?(9절) 고대 이스라엘에서는 죄를 지었을 때 하나님이 계신 성전에 나아와 자신의 소유인 가축 가운데 한 마리를 바치며 속죄제사를 드렸습니다. 제사를 드리러 나아온다는 것의 전제 조건은 자신이 잘못했다는 것을 인정하고 자백하는 것입니다(레 5:5). 그렇게 우리 죄를 고백할 때 하나님께서는 우리를 용서하시며 그 죄를 없다 하십니다. 속죄제사를 드려 용서받는 것 같지만, 잘못을 뉘우치며 고백하는 우리를 향한 하나님의 은총으로 용서받는 것입니다. 죄를 인정하고 고백한다는 것은 언제든지 하나님을 의지하고 그분의 용서를 믿으며 새로 시작하겠다는 다짐이라고 할 수 있습니다. 그러나 뉘우친다 해도 또 같은 잘못을 저지르거나 다른 죄를 짓는 경우가 많다 보니, 아예 새로운 시작을 체념하고 제 마음대로 살겠다고 하는 이도 있겠지요. 그런 사람을 두고 이 구절은 속죄제사를 우습게 여기는 어리석은 사람이라고 부릅니다.

총을 누린다. 10 마음의 고통은 자기만 알고, 마음의 기쁨도 남이 나누어 가지지 못한다. 11 악한 사람의 집은 망하고, 정직한 사람의 장막은 흥한다. 12 사람의 눈에는 바른길같이 보이나, 마침내는 죽음에 이르는 길이 있다. 13 웃어도 마음이 아플 때가 있고, 즐거워도 끝에 가서 슬플 때가 있다. 14 마음이 비뚤어진 사람은 자기가 한 만큼 보응을 받고, 선한 사람도 자기가 한 만큼 보응을 받는다. 15 어수룩한 사람은 모든 말을 다 믿지만, 슬기로운 사람은 행동을 삼간다. 16 지혜 있는 사람은 두려워할 줄 알아서 악을 피하지만, 미련한 사람은 자신만만해서 조심할 줄을 모른다. 17 성을 잘 내는 사람은 어리석은 일을 하고, 음모를 꾸미는 사람은 미움을 받는다. 18 어수룩한 사람은 어수룩함을 유산으로 삼지만, 슬기로운 사람은 지식을 면류관으로 삼는다. 19 악인은 선한 사람 앞에 엎드리고, 불의한 사람은 의인의 문 앞에 엎드린다. 20 가난한 사람은 이웃에게도 미움을 받지만, 부자에게는 많은 친구가 따른다. 21 이웃을 멸시하는 사람은 죄를 짓는 사람이지만, 가난한 사람에게 은혜를 베푸는 사람은 복이 있는 사람이다. 22 악을 꾀하는 사람은 길을 잘못 가는 것이나, 선을 계획하는 사람은 인자와 진리를 얻

우리가 사는 현실에선 악이 늘 이기는 것 같던데요? 19절의 내용은 단순히 소망을 이야기한 게 아닐까요? 맞습니다. 결국 의인이 승리한다는 것은 소망이자, 동시에 믿음이기도 합니다. 지금은 이렇게 불의가 이기는 것 같지만, 결국 의인이 이긴다는 믿음입니다. 이러한 소망과 믿음을 가진다는 것은 지금 눈앞에 보이는 현실이 전부가 아니며 끝이 아님을 선언하는 것입니다. 이를 달리 말하면, 하나님께서 살아계신다는 선포이기도 합니다. 우리 일상의 삶에서도 그러한 소망으로 살아갈 때 우리 삶의 변화를 경험하기도 하고, 나아가 우리 사는 세상에서 마침내 정의가 승리하는 것을 경험한 적 있지 않습니까?

는다. 23 모든 수고에는 이득이 있는 법이지만, 말이 많으면 가난해질 뿐이다. 24 지혜는 지혜 있는 사람의 면류관이지만 어리석음은 미련한 사람의 화환이다. 25 증인이 진실을 말하면 남의 생명을 건지지만, 증인이 위증을 하면 배신자가 된다. 26 주님을 경외하면 강한 믿음이 생기고, 그 자식들에게도 피난처가 생긴다. 27 주님을 경외하는 것이 생명의 샘이니, 죽음의 그물에서 벗어나게 한다. 28 백성이 많은 것은 왕의 영광이지만, 백성이 적은 것은 통치자의 몰락이다. 29 좀처럼 성을 내지 않는 사람은 매우 명철한 사람이지만, 성미가 급한 사람은 어리석음만을 드러낸다. 30 마음이 평안하면 몸에 생기가 도나, 질투를 하면 뼈까지 썩는다. 31 가난한 사람을 억압하는 것은 그를 지으신 분을 모욕하는 것이지만, 궁핍한 사람에게 은혜를 베푸는 것은 그를 지으신 분을 공경하는 것이다. 32 악한 사람은 자기의 악행 때문에 넘어지지만, 의로운 사람은 죽음이 닥쳐도 피할 길이 있다. 33 지혜는 명철한 사람의 마음에 머물고, 미련한 사람 마음에는 알려지지 않는다. 34 정의는 나라를 높이지만, 죄는 민족을 욕되게 한다. 35 슬기로운 신하는 왕의 총애를 받지만, 수치스러운 일을 하는 신하는 왕의 분노를 산다.

인간을 억압하는 게 어째서 하나님을 욕보이는 행위가 되는 거죠?(31절) 창세기 1장은 모든 사람이 하나님의 형상이라고 선포합니다. 모든 인간이 존엄한 근본적인 이유는 피부색, 민족, 지위, 성별과 상관없이 모두 하나님의 형상이기 때문입니다. 그러므로 사람을 함부로 대하고 무시하는 것은 하나님을 무시하는 것입니다. 부유하거나 높은 사람을 함부로 대하는 사람은 거의 없겠지요. 그래서 사람을 존중하는가의 여부는 가난하고 힘없는 사람을 어떻게 대하는가로 명확히 드러납니다. 하나님을 믿는다는 것은 사람의 겉모습이나 지위, 경제력, 나이와 상관없이 그 존재 자체를 하나님의 형상으로 존중하고 귀하게 여기는 삶으로 나타납니다.

{ 제15장 }

주님께서 보고 계신다

1 부드러운 대답은 분노를 가라앉히지만, 거친 말은 화를 돋운다. 2 지혜로운 사람의 혀는 좋은 지식을 베풀지만, 미련한 사람의 입은 어리석은 말만 쏟아낸다. 3 주님의 눈은 어느 곳에서든지, 악한 사람과 선한 사람을 모두 지켜보신다. 4 따뜻한 말은 생명나무와 같지만, 가시 돋힌 말은 마음을 상하게 한다. 5 어리석은 사람은 자기 아버지의 훈계를 업신여기지만, 명철한 사람은 아버지의 책망을 간직한다. 6 의인의 집에는 많은 재물이 쌓이나, 악인의 소득은 고통을 가져온다. 7 지혜로운 사람의 입술은 지식을 전파하지만, 미련한 사람의 마음에는 그러한 생각이 없다. 8 악한 사람의 제사는 주님께서 역겨워하시지만, 정직한 사람의 기도는 주님께서 기뻐하신다. 9 악한 사람의 길은 주님께서 싫어하시지만, 정의를 따르는 사람은 주님께서 사랑하신다. 10 옳은 길을 저버리는 사람은 엄한 징계를 받고, 책망을 싫어하는 사람은 죽임을 당할 것이

급변하는 시대를 사는 현대인들에게 옛 가르침을 따르길 요구하는 건 시대착오적이지 않은가요?(5절) 시대가 바뀌어도 사람 사는 올바른 도리는 바뀌지 않는 것 같습니다. 어느 시대건 하나님의 형상인 사람을 존중하며 귀히 여겨야 한다는 점은 바뀌지 않을 것이며, 하나님을 경외하며 그 가르침을 따라 사는 삶 역시 바뀌지 않을 것입니다. 그렇다고 옛사람의 가르침 전부를 무조건 따르라는 의미는 아니겠지요. 옛 가르침을 배우고 궁리하며, 그 가르침이 우리 시대에는 어떤 의미일지 모색하는 일이 필요합니다. 성경 이 오래된 책을 읽으며, 어떤 삶을 권하는지 살피고 우리 시대에 어떻게 적용해야 할지 고민하는 삶이야말로 잠언이 권하는 지혜로운 삶입니다.

다. 11 '죽음'과 '파멸'도 주님 앞에서 드러나거늘, 사람의 마음이야 더욱 그러하지 않겠는가! 12 거만한 사람은 자기를 책망하는 사람을 좋아하지 않으며, 지혜 있는 사람을 찾아가지도 않는다. 13 즐거운 마음은 얼굴을 밝게 하지만, 근심하는 마음은 너를 상하게 한다. 14 명철한 사람의 마음은 지식을 찾지만, 미련한 사람의 입은 어리석음을 즐긴다. 15 고난받는 사람에게는 모든 날이 다 불행한 날이지만, 마음이 즐거운 사람에게는 모든 날이 잔칫날이다. 16 재산이 적어도 주님을 경외하며 사는 것이, 재산이 많아서 다투며 사는 것보다 낫다. 17 서로 사랑하며 채소를 먹고 사는 것이, 서로 미워하며 기름진 쇠고기를 먹고 사는 것보다 낫다. 18 화를 쉽게 내는 사람은 다툼을 일으키지만, 성을 더디 내는 사람은 싸움을 그치게 한다. 19 게으른 사람의 길은 가시덤불로 덮여 있는 것 같지만, 부지런한 사람의 길은 확 트인 큰길과 같다. 20 지혜로운 아들은 아버지를 기쁘게 하지만, 미련한 아들은 어머니를 업신여긴다. 21 생각이 모자라는 사람은 미련함을 즐기지만, 명철한 사람은 길을 바로 걷는다. 22 의논 없이 세워진 계획은 실패하지만, 조언자들이 많으면 그 계획이 이루어진다. 23 적절한 대

조언이 많으면 진척이 더디지 않을까요?(22절) 사공이 많으면 배가 산으로 간다잖아요. 너무 많은 견해로 인해 아무것도 할 수 없게 되는 상황도 물론 있습니다. 잠언 안에는 서로 충돌되는 것 같아 보이는 내용도 많습니다. 절대 불변의 가르침을 전한다기보다는 어떤 상황에서 꼭 필요하고 타당한 가르침을 전하기 때문입니다. 그래서 읽는 이로 하여금 자신의 상황과 견주어 생각하며 돌아보게 합니다. 잠언은 곰곰이 생각하며 읽는 것이 필요합니다. 한 사람의 생각으로는 한계가 많을 터인데, 여러 사람의 충고와 조언을 들으면 처음 내 생각보다 훨씬 세밀하게 다듬어집니다. 내 생각만을 고집하지 말고, 함께 살아가는 이들의 조언에 귀 기울이면 좋겠습니다.

답은 사람을 기쁘게 하니, 알맞은 말이 제때에 나오면 참 즐겁다. 24 슬기로운 사람이 걷는 생명의 길은 위쪽으로 나 있어서, 아래로 난 스올 길을 벗어난다. 25 주님은 거만한 사람의 집을 헐어버리시지만, 과부가 사는 곳의 경계선은 튼튼히 세워주신다. 26 악한 사람의 꾀는 주님께서 역겨워하시지만, 친절한 사람의 말은 정결한 제물처럼 받으신다. 27 불의한 이익을 탐내는 사람은 자기 집에 해를 끼치지만, 뇌물을 거절하는 사람은 오래 산다. 28 의인의 마음은 대답할 말을 깊이 생각하지만, 악인의 입은 악한 말을 쏟아낸다. 29 주님은 악인을 멀리하시지만, 의인의 기도는 들어주신다. 30 밝은 얼굴은 사람을 기쁘게 하고, 좋은 소식은 사람을 낫게 한다. 31 목숨을 살리는 책망에 귀 기울이는 사람은 지혜로운 사람들 사이에 자리를 잡는다. 32 훈계를 싫어하는 사람은 자기 생명을 가볍게 여기는 사람이지만, 책망을 잘 듣는 사람은 지식을 얻는 사람이다. 33 주님을 경외하라는 것은 지혜가 주는 훈계이다. 겸손하면 영광이 따른다.

{ 제16장 }

주님께서 결정하신다

1 계획은 사람이 세우지만, 결정은 주님께서 하신다. 2 사람의 행위는 자기 눈에는 모두 깨끗하게 보이나, 주님께서는 속마음을 꿰뚫어 보신다. 3 네가 하는 일을 주님께 맡기면, 계획하는 일이 이루어질 것이다. 4 주님께서는 모든 것을 그 쓰임에 알맞게 만드셨으니, 악인은 재앙의 날에 쓰일 것이다. 5 주님께서는 마음이 거만한 모든 사람을 역겨워하시니, 그들은 틀림없이 벌을 받을 것이다. 6 사람이 어질고 진실하게 살면 죄를 용서받고, 주님을 경외하면 재앙을 피할 수 있다. 7 사람의 행실이 주님을 기쁘시게 하면, 그의 원수라도 그와 화목하게 하여주신다. 8 의롭게 살며 적게 버는 것이, 불의하게 살며 많이 버는 것보다 낫다. 9 사람이 마음으로 자기의 앞길을 계획하지만, 그 발걸음을 인도하시는 분은 주님이시다. 10 왕이 내리는 판결은 하나님의 판결이니, 판결할 때에 그릇된 판결을 내리지 않는다. 11 정확한 저울과 천평은 주님의 것이

그렇다면 계획이 다 무슨 소용이랍니까? 어차피 하나님 맘대로 할 건데요(1절). 열심히 계획을 세웠지만 생각지 못한 방향으로 일이 전개된 적이 많지 않습니까? 내가 애썼던 부분은 잘 안되었는데, 뜻밖의 부분에서 일이 진행되어 우리 삶이 유익하게 되었던 적도 있지 않습니까? 이 구절은 아무렇게나 살라고 말하는 것이 아니라, 최선을 다해 우리 삶을 살아가도 예측할 수 없는 변화나 상황이 너무 많다는 점을 암시합니다. 그래서 이 구절은 우리 삶에 베푸시는 하나님의 은혜를 말합니다. 지금 내가 할 수 있는 일을 계획하며 진행하되, 결과는 하나님께서 인도하실 것을 믿고 내려놓을 수 있으면 좋겠습니다.

며, 주머니 속의 저울추도 다 그분이 만드신 것이다. 12 왕은 악행을 하는 것을 역겨워하여야 한다. 공의로만 왕위가 굳게 설 수 있기 때문이다. 13 왕은 공의로운 말을 하는 것을 기쁘게 여겨야 하고, 올바른 말하기를 좋아하여야 한다. 14 왕의 진노는 저승사자와 같지만, 지혜로운 사람은 왕의 진노를 가라앉힌다. 15 왕의 얼굴빛이 밝아야 모두 살 수 있다. 그의 기쁨은 봄비를 몰고 오는 구름과 같다. 16 지혜를 얻는 것이 금을 얻는 것보다 낫고, 명철을 얻는 것이 은을 얻는 것보다 낫다. 17 악을 떠나는 것은 정직한 사람이 가는 큰길이니, 그 길을 지키는 사람은 자기의 생명을 지킨다. 18 교만에는 멸망이 따르고, 거만에는 파멸이 따른다. 19 겸손한 사람과 어울려 마음을 낮추는 것이, 거만한 사람과 어울려 전리품을 나누는 것보다 낫다. 20 말씀에 따라 조심하며 사는 사람은 일이 잘되고, 주님을 믿는 사람은 행복하다. 21 마음이 지혜로운 사람을 명철하다 한다. 말이 부드러우면, 더욱 많은 지혜를 가르친다. 22 명철한 사람에게는 그 명철함이 생명의 샘이 되지만, 어리석은 사람에게는 그 어리석음이 벌이 된다. 23 마음이 지

"네가 하는 일을 주님께 맡기면, 계획하는 일이 이루어질 것이다"(3절). 여기서 '맡긴다'는 말은 무슨 뜻입니까? 그냥 손 놓고 있으라는 말인가요? 바로 앞의 구절과도 연관됩니다. "계획은 사람이 세우지만, 결정은 주님께서 하신다"(1절). 이 말씀을 보면 계획하는 사람, 그리고 결정하시는 주님이 있습니다. 그래서 맡긴다는 것은 결과를 맡긴다는 의미라고 생각합니다. 최선을 다하되, 결과는 하나님께 모로 가도 서울만 가면 되는 것이 아니라, 서울을 못 가더라도 올바른 길을 선택하고 정의로운 길을 선택하는 것이야말로 그렇게 하나님께 맡긴다는 말씀의 의미일 것입니다. 결과를 하나님께 맡길 때, 두려움과 염려, 불안을 내려놓고 옳은 것은 옳다 하고 틀린 것은 틀리다 하며 걸어갈 수 있지 않을까요?

혜로운 사람은 말을 신중하게 하고, 하는 말에 설득력이 있다. 24 선한 말은 꿀송이 같아서, 마음을 즐겁게 하여주고, 쑤시는 뼈를 낫게 하여준다. 25 사람의 눈에는 바른길같이 보이나, 마침내는 죽음에 이르는 길이 있다. 26 허기진 배가 일하게 만들고 그 입이 사람을 몰아세운다. 27 불량한 사람은 악을 꾀한다. 그들의 말은 맹렬한 불과 같다. 28 비뚤어진 말을 하는 사람은 다툼을 일으키고, 중상하는 사람은 친한 벗들을 이간시킨다. 29 폭력을 쓰는 사람은 그 이웃을 윽박질러서, 좋지 않은 길을 가게 한다. 30 눈짓을 하는 사람은 그릇된 일을 꾀하고, 음흉하게 웃는 사람은 악한 일을 저지른다. 31 백발은 영화로운 면류관이니, 의로운 길을 걸어야 그것을 얻는다. 32 노하기를 더디 하는 사람은 용사보다 낫고, 자기의 마음을 다스리는 사람은 성을 점령한 사람보다 낫다. 33 제비는 사람이 뽑지만, 결정은 주님께서 하신다.

18절은 '교만'과 '거만'이 '멸망'과 '파멸'을 부른다고 가르칩니다. 잠언 저자가 온갖 악들 가운데 교만을 이토록 심각하게 보는 이유는 무엇입니까? 하나님을 경외한다는 것은 사람이 하나님이 아님을 늘 기억하는 것입니다. 하나님께 맡긴다는 것 역시 내 힘과 계획으로 모든 것을 장악해서 주관할 수 없음을 인정하는 것입니다. 교만과 거만은 단순히 '잘난 체를 하는 것'이 아닙니다. 자신이 잘할 수 있는 것을 잘한다고 말한다 해서 교만은 아닐 겁니다. 교만은 모든 관심과 초점이 자기 자신에게만 기울어져 있어서, 하나님도 다른 사람도 전혀 보지 못하는 것입니다. 그래서 그 결과마저도 자신이 한 것처럼 말하고, 그리고 자신처럼 그렇게 해내지 못한 다른 사람을 무시하고 나아가 결국 하나님을 무시하는 것입니다. 이렇게 사람과 하나님을 무시한다면 그 자체가 이미 파멸이고 멸망일 것입니다. 사람을 무시하며 함부로 하는 이를 누가 가까이하겠습니까? 참으로 교만은 그 자체로 이미 파멸입니다.

{ 제17장 }

주님께서 우리의 생각을 살피신다

1 마른 빵 한 조각을 먹으며 화목하게 지내는 것이, 진수성찬을 가득히 차린 집에서 다투며 사는 것보다 낫다. 2 슬기로운 종은 부끄러운 일을 하는 주인집 아들을 다스리고, 그 집 자녀들과 함께 유산을 나누어 받는다. 3 도가니는 은을, 화덕은 금을 단련하지만, 주님께서는 사람의 마음을 단련하신다. 4 악을 행하는 사람은 사악한 말에 솔깃하고, 거짓말을 하는 사람은 중상하는 말에 귀를 기울인다. 5 가난한 사람을 조롱하는 것은 그를 지으신 분을 모욕하는 것이다. 남의 재앙을 기뻐하는 사람은 형벌을 면하지 못한다. 6 손자는 노인의 면류관이요, 어버이는 자식의 영광이다. 7 거만한 말이 미련한 사람에게는 안 어울린다. 하물며 거짓말이 통치자에게 어울리겠느냐? 8 뇌물을 쓰는 사람의 눈에는 뇌물이 요술방망이처럼 보인다. 어디에 쓰든 안 되는 일이 없다. 9 허물을 덮어주면 사랑을 받고,

솔로몬은 마음 단련을 금속 제련에 빗대어 설명합니다(3절). 어떤 유사점이 있습니까? 은과 금 같은 금속을 뜨거운 불로 제련하면 불순물이 사라지고 순은, 순금이 됩니다. 잠언은 그러한 일상을 관찰하며 하나님께서도 그렇게 사람의 마음을 제련하심을 깨닫고 전합니다. 하나님께 기도하는 것마다 다 들어주신다면, 어떻게 사람이 자라겠습니까? 인생의 어려움을 겪고, 실망과 낙심, 기쁨과 희망을 경험하면서, 우리 마음은 점점 더 단련되어서 옳다 여기는 길을 끝까지 걸어가게 될 것입니다. 우리 삶의 어려움은 주님께서 우리를 단련하는 과정입니다. 혼자 힘으로는 아무것도 못 하는 사람이 아니라, 주님을 신뢰하며 끝까지 옳은 길을 걸어가는 사람이 되도록 그렇게 주님은 우리 마음을 단련하십니다.

허물을 거듭 말하면 친구를 갈라놓는다. 10 미련한 사람을 백 번 매질하는 것보다 슬기로운 사람을 한 번 징계하는 것이 더 효과가 있다. 11 반역만을 꾀하는 악한 사람은 마침내 잔인한 사신의 방문을 받는다. 12 어리석은 일을 하는 미련한 사람을 만나느니, 차라리 새끼 빼앗긴 암곰을 만나라. 13 악으로 선을 갚으면, 그의 집에서 재앙이 떠나지 않는다. 14 다툼의 시작은 둑에서 물이 새어 나오는 것과 같으니, 싸움은 일어나기 전에 그만두어라. 15 악인을 의롭다고 하거나, 의인을 악하다고 하는 것은, 둘 다 주님께서 싫어하신다. 16 미련한 사람의 손에 돈이 있은들, 배울 마음이 없으니 어찌 지혜를 얻겠느냐? 17 사랑이 언제나 끊어지지 않는 것이 친구이고, 고난을 함께 나누도록 태어난 것이 혈육이다. 18 지각없는 사람 서약 함부로 하고, 남의 빚보증 잘 선다. 19 벌 받기를 좋아하는 사람은 싸우기를 좋아한다. 패가망신을 원하는 사람은 집을 치장하기를 좋아한다. 20 마음이 비뚤어진 사람은 복을 얻지 못하고, 거짓말만 하는 혀를 가진 사람은 재앙에 빠진다. 21 미련한 자식을 둔 부모는 걱정이 그칠 새가 없고, 어리석은 자식을 둔 부모는 기

9절은 우정을 지키기 위해 친구의 잘못을 지적하지 말고 모른 체하라는 뜻입니까? 다른 사람을 해치고 괴롭히는 악을 친구라고 해서 모른 체한다면 세상은 온통 불의와 불법이 판을 치게 될 것입니다. 이미 수많은 사람이 서로 친척입네, 동문입네, 동향입네 하며 끼리끼리 결탁해 세상을 얼마나 혼란스럽게 했습니까? 그 누구라도 사람을 괴롭히고 학대하거나 불의한 이익을 추구하는 행동을 눈감아서는 안 될 것입니다. 이 구절이 말하는 것은 친구의 연약함에서 비롯되는 그의 약점과 부족함이라고 여겨집니다. 그 친구도 이미 자신의 부족함을 알 것입니다. 그에 대해 굳이 지적하고 까발리는 것이 아니라, 사랑으로 상대의 연약함과 부족함을 덮어줄 수 있으면 좋겠습니다. 우정은 서로의 부족함을 알면서도 그 사람 곁에 서 있는 것입니다.

쁨이 없다. 22 즐거운 마음은 병을 낫게 하지만, 근심하는 마음은 뼈를 마르게 한다. 23 악인은 가슴에 안겨준 뇌물을 먹고서, 재판을 그르친다. 24 슬기로운 사람의 눈은 지혜를 가까이에서 찾지만, 미련한 사람은 눈을 땅끝에 둔다. 25 미련한 자식은 아버지의 근심이고, 어머니의 고통이다. 26 의로운 사람을 벌주는 것은 옳은 일이 아니다. 존귀한 사람을 정직하다고 하여 때리는 것도 바른 일이 아니다. 27 아는 것이 많은 사람은 말을 삼가고, 슬기로운 사람은 정신이 냉철하다. 28 어리석은 사람도 조용하면 지혜로워 보이고, 입술을 다물고 있으면 슬기로워 보인다.

눈을 땅끝에 둔다(24절)는 건 무슨 말입니까? 행복의 파랑새를 찾아 나섰지만, 정작 그 새는 어디 멀리 있는 것이 아니라 바로 우리 곁에 있다는 이야기와 비슷합니다. 가까이의 지혜는 우리 일상생활에서 발견하며 실천하는 지혜입니다. 반면 미련한 사람은 '땅끝'으로 상징되는 어떤 극단의 노력, 심오하고 깊은 학문 같은 것에서 지혜를 찾으려고 합니다. 지혜가 그렇게 찾을 수 있는 것이라면, 엄청난 의지력을 가진 사람, 대단한 학습 능력을 가진 사람이 아니라면 지혜를 얻을 수 없을 것입니다. 지혜는 우리의 가족, 부엌, 직장, 길거리 곳곳에서, 우리가 만나는 사람들과의 소소한 일상, 그 모든 현장에서 발견할 수 있습니다.

{ 제18장 }

죄를 옹호하는 것은 잘못이다

1 다른 사람과 어울리지 못하는 사람은 자기 욕심만 채우려 하고, 건전한 판단력을 가진 사람을 적대시한다. 2 미련한 사람은 명철을 좋아하지 않으며, 오직 자기 의견만을 내세운다. 3 악한 사람이 오면 멸시가 뒤따르고, 부끄러운 일 뒤에는 모욕이 따른다. 4 슬기로운 사람의 입에서 나오는 말은 깊은 물과 같고, 지혜의 샘은 세차게 흐르는 강처럼 솟는다. 5 악인을 두둔하는 것과 재판에서 의인을 억울하게 하는 일은 옳지 않다. 6 미련한 사람의 입술은 다툼을 일으키고, 그 입은 매를 불러들인다. 7 미련한 사람의 입은 자기를 망하게 만들고, 그 입술은 올무가 되어 자신을 옭아맨다. 8 헐뜯기를 잘하는 사람의 말은 맛있는 음식과 같아서, 뱃속 깊은 데로 내려간다. 9 자기 일을 게을리하는 자는, 일을 망치는 자와 형제간이다. 10 주님의 이름은 견고한 성루이므로, 의인이 그곳으로 달려가면, 아

그냥 '주님'이라고 해도 될 일을 굳이 '주님의 이름'(10절)이라고 한 이유가 있습니까? '이름'이 어떻게 안전을 보장합니까? 오늘날에도 누군가의 이름을 들으면 "아, 그 사람!" 하며 나름의 납득과 파악이 되지 않습니까? 고대 시절에는 더더욱 이름이 그 존재의 모든 것을 담고 있다고 여겼습니다. 이런 배경에서 주님의 이름은 주님의 능력과 성품, 행하심 그 전부를 담아내고 반영하는 것입니다. 그렇지만 이름을 말한다고 저절로 무슨 일이 생기는 어떤 마법적인 힘 같은 것은 전혀 없습니다. 주님의 이름을 말한다는 것은 그분의 성품과 행하심에 대한 이해와 신뢰를 전제로 합니다. 이름만 말한다고 도움이 되는 것이 아니라, 이름으로 상징되는 그분을 알고 신뢰하는 것이야말로 우리가 피할 견고한 성입니다.

무도 뒤쫓지 못한다. 11 부자의 재산은 그의 견고한 성이 되니, 그는 그것을 아무도 못 오를 높은 성벽처럼 여긴다. 12 사람의 마음이 오만하면 멸망이 뒤따르지만, 겸손하면 영광이 뒤따른다. 13 다 들어보지도 않고 대답하는 것은, 수모를 받기에 알맞은 어리석은 짓이다. 14 사람이 정신으로 병을 이길 수 있다지만, 그 정신이 꺾인다면, 누가 그를 일으킬 수 있겠느냐? 15 명철한 사람의 마음은 지식을 얻고, 지혜로운 사람의 귀는 지식을 구한다. 16 선물은 사람이 가는 길을 넓게 열어주고, 그를 높은 사람 앞으로 이끌어준다. 17 송사에서는 먼저 말하는 사람이 옳은 것 같으나, 상대방이 와보아야 사실이 밝혀진다. 18 제비를 뽑으면 다툼이 끝나고, 강한 사람들 사이의 논쟁이 판가름 난다. 19 노엽게 한 친척과 가까워지기는 견고한 성을 함락시키는 것보다 어려우니, 그 다툼은 마치 꺾이지 않는 성문의 빗장과 같다. 20 사람의 입에서 나오는 말의 열매가 사람의 배를 채워주고, 그 입술에서 나오는 말의 결과로 만족하게 된다. 21 죽고 사는 것이 혀의 힘에 달렸으니, 혀를 잘 쓰는 사람은 그 열매를 먹는다. 22 아내를 맞이한 사람은 복을 찾은 사람이요,

14절은 그 의도를 모르겠습니다. 정신이 꺾이면 끝장이란 말인가요? 괴로움과 고난이 있다 해도 우리 마음이 굳건하다면, 그리고 우리 정신이 멀쩡하다면, 현실에 굴하지 않고 옳은 것은 옳다 하며 걸어갈 수 있습니다. 그러나 우리 마음과 정신이 피폐해 상했다면, 쉬운 일조차도 버거운 일이 될 것입니다. 마음만 먹으면 무엇이든 할 수 있다고 말하는 것이 아니라, 남들보다 때로 늦기도 하고 부족한 면이 있어도 자신을 한심하다 여기지 않으며 자신을 학대하지 않는 것, 다른 사람에게 압도되거나 지배되지 않으려는 것, 이러한 모습이 마음이 살아 있는 사람, 정신이 꺾이지 않은 사람일 것입니다. 그렇게 정신이 꺾이지 않을 수 있는 길은 하나님께서 나를 아시고 사랑하시며 인도하실 것이라는 믿음, 즉 하나님을 경외하는 믿음일 것입니다.

주님으로부터 은총을 받은 사람이다. 23 가난한 사람은 간절한 말로 구걸하지만, 부유한 사람은 엄한 말로 대답한다. 24 친구를 많이 둔 사람은 해를 입기도 하지만 동기간보다 더 가까운 친구도 있다.

{ 제19장 }

참는 것이 지혜

1 거짓말을 하며 미련하게 사는 사람보다는, 가난해도 흠 없이 사는 사람이 낫다. 2 지식이 없는 열심은 좋은 것이라 할 수 없고, 너무 서둘러도 발을 헛디딘다. 3 사람은 미련해서 스스로 길을 잘못 들고도, 마음속으로 주님을 원망한다. 4 재물은 친구를 많이 모으나, 궁핍하면 친구도 떠난다. 5 거짓 증인은 벌을 피할 수 없고, 거짓말을 하는 사람도 벌을 피할 길이 없다. 6 너그럽게 주는 사람에게는 은혜 입기를 원하는 사람이 많고, 선물을 잘 주는 사람에게는 모두가 친구이다. 7 가난하면 친척

잠언이 설명하는 선물(6절)은 뇌물에 가까운 게 아닐까요? 아니라면 어떤 차이가 있는 거죠? 뇌물은 불의한 것을 덮고 더 큰 부당한 이익을 얻기 위해, 그리고 그 과정에서 저지르는 불의를 덮기 위해 돈과 인맥, 그리고 관계로 해결하는 것입니다. 그에 비해 '선물'은 대가를 바라지 않고 자발적으로 상대에게 나누어주는 것입니다. 예수 그리스도로 말미암아 모든 이에게 주시는 은혜가 이러한 선물의 대표적인 예입니다. 선물은 상대방의 자격을 따지지 않으며, 조건에 따라 차별하지도 않습니다. 비록 큰 것은 아니더라도 우리에게 있는 것으로 다른 사람, 상대의 무엇을 따지지 않고 나눌 수 있으면 좋겠습니다.

도 그를 싫어하는데, 하물며 친구가 그를 멀리하지 않겠느냐? 뒤따라가며 말을 붙이려 하여도, 아무런 소용이 없다. 8 지혜를 얻는 사람은 자기 영혼을 사랑하고, 명철을 지키는 사람은 복을 얻는다. 9 거짓 증인은 벌을 피할 수 없고, 거짓말을 하는 사람은 망하고 만다. 10 미련한 사람이 사치스럽게 사는 것도 마땅하지 않은데, 하물며 종이 고관들을 다스리는 것이랴? 11 노하기를 더디 하는 것은 사람의 슬기요, 허물을 덮어주는 것은 그의 영광이다. 12 왕의 분노는 사자가 소리 지르는 것과 같고, 그의 은혜는 풀 위에 내리는 이슬과 같다. 13 미련한 아들은 아버지에게 파멸을 가져다주고, 다투기를 잘하는 아내는 새는 천장에서 떨어지는 물과 같다. 14 집과 재물은 조상에게서 물려받은 유산이지만, 슬기로운 아내는 주님께서 주신다. 15 게으른 사람은 깊은 잠에 빠지고, 나태한 사람은 굶주릴 것이다. 16 계명을 지키는 사람은 제 목숨을 지키지만, 자기 행실을 주의하지 않는 사람은 죽는다. 17 가난한 사람에게 은혜를 베푸는 것은 주님께 꾸어드리는 것이니, 주님께서 그 선행을 넉넉하게 갚아주신다. 18 네 아들을 훈계하여라. 그래야 희망이 있다. 그러나 그를 죽일 생각은 품지 말아야 한다. 19 성

종이 고관을 다스리는 지극히 기이한 상황(10절)을 언급하는 까닭은 무엇입니까? 잠언의 배경이 되는 사회는 지금으로부터 2000년 전, 그야말로 고대 세상입니다. 오늘날에는 종이나 상전 같은 신분 자체가 말이 안 되지만, 100~200년 전만 해도 신분 질서는 엄연했습니다. 성경은 영원하고 참된 가치를 고대의 문화와 사회를 배경으로 표현합니다. 그래서 이 구절에서 종이 상전, 윗사람을 다스리는 세상은 신분제 사회 배경에서 '전후가 뒤바뀐 세상', '모든 것이 거꾸로 뒤집어진 세상'을 의미합니다. 인격적으로나 사고방식으로나 천박하기 이를 데 없는 사람이 남을 가르치거나 이끄는 자리에 앉았을 때, 우리는 이 잠언 말씀을 떠올릴 수 있습니다.

격이 불같은 사람은 벌을 받는다. 네가 그를 구하여준다고 해도 그때뿐, 구하여줄 일이 또 생길 것이다. 20 충고를 듣고 훈계를 받아들여라. 그리하면 마침내 지혜롭게 된다. 21 사람의 마음에 많은 계획이 있어도, 성취되는 것은 오직 주님의 뜻뿐이다. 22 사람에게서 바랄 것은 성실이다. 거짓말쟁이가 되느니, 차라리 가난뱅이가 되는 것이 낫다. 23 주님을 경외하며 살면 생명을 얻는다. 그는 만족스러운 생활을 하며, 재앙을 만나지 않는다. 24 게으른 사람은 밥그릇에 손을 대고서도, 입에 떠 넣기를 귀찮아한다. 25 오만한 사람을 치면, 어수룩한 사람도 깨닫는다. 명철한 사람을 꾸짖으면, 그가 지식을 얻는다. 26 아버지를 구박하고 어머니를 쫓아내는 자식은, 부끄러움과 수치를 끌어들이는 자식이다. 27 아이들아, 지식의 말씀에서 벗어나게 하는 훈계는 듣지 말아라. 28 악한 증인은 정의를 비웃고, 악인의 입은 죄악을 통째로 삼킨다. 29 오만한 사람에게는 심판이 준비되어 있고, 미련한 사람의 등에는 매가 준비되어 있다.

지식의 말씀에서 벗어나게 하는 훈계(27절)란 어떤 가르침을 말합니까? 지식의 말씀은 잠언과 같은 책에서 가르치는 권면과 교훈을 뜻합니다. 올바른 삶의 원칙과 원리를 찾고자 하는 노력과 추구를 잠언의 가르침이라고 볼 때, 그와 같은 노력을 쓸모없다 말하고, 올바른 삶이라는 것은 따로 없으며, 각자 자기 좋은 대로 자기에게 유리한 대로 살아가는 것뿐이라는 식의 가르침이 지식의 말씀에서 벗어나게 하는 훈계라고 생각할 수 있습니다. 올바른 삶을 살아가려는 이들을 비웃고 힘 빠지게 하는 말은 오늘날에도 참 많습니다. 어차피 세상은 불의가 이기고 힘센 사람이 이긴다면서, 그냥 그렇게 살아가라는 가르침이 난무합니다. 이 구절은 그런 훈계를 듣지 말라고 충고합니다.

{ 제20장 }

금보다 귀한 지혜

1 포도주는 사람을 거만하게 만들고, 독한 술은 사람을 소란스럽게 만든다. 이것에 빠지는 사람은 누구든지 지혜롭지 않다. 2 왕의 노여움은 사자의 부르짖음과 같으니, 그를 노하게 하면 목숨을 잃는다. 3 다툼을 멀리하는 것이 자랑스러운 일인데도, 어리석은 사람은 누구나 쉽게 다툰다. 4 게으른 사람은 제철에 밭을 갈지 않으니, 추수 때에 거두려고 하여도 거둘 것이 없다. 5 사람의 생각은 깊은 물과 같지만, 슬기로운 사람은 그것을 길어낸다. 6 스스로를 성실하다고 말하는 사람은 많으나, 누가 참으로 믿을 만한 사람을 만날 수 있느냐? 7 의인은 흠 없이 살며, 그의 자손이 복을 받는다. 8 재판석에 앉은 왕은 모든 악을 한눈에 가려낸다. 9 누가 "나는 마음이 깨끗하다. 나는 죄를 말끔히 씻었다" 하고 말할 수 있겠느냐? 10 규

잠언은 술을 부정적인 음식으로 보는 경향이 있습니다. 왜죠? 잠언과 성경은 술 자체를 나쁜 것으로 보지 않습니다. 가령, 하나님께 제사드릴 때도 포도주를 부어 드리기도 하고(민 15:10), 하나님을 경외하는 자에게 주어지는 복 가운데 "포도주 통에 햇포도주가 넘칠 것이다"(잠 3:10)라는 표현도 있습니다. 문제는 1절에서 보듯 술에 취해 거만해져서 다른 사람을 무시하거나 함부로 대하는 것, 그리고 쓸데없는 말을 많이 해서 다른 사람들을 불편하게 만드는 것입니다. 술은 한 모금도 안 마시지만 다른 사람을 무시하는 오만한 이들이 얼마나 많습니까? 그리고 술과는 전혀 상관없이 다른 사람을 함부로 대하며 불편하게 하는 이들은 또 얼마나 많습니까? 하나님께서 주신 풍요로서 포도주는 전혀 문제가 되지 않습니다. 그러나 술에 취해 사람을 무시하고 함부로 하게 된다면 술은 한 방울도 마시지 않는 것이 옳습니다.

격에 맞지 않은 저울추와 되는 모두 주님께서 미워하시는 것
이다. 11 비록 아이라 하여도 자기 행위로 사람됨을 드러낸
다. 그가 하는 행실을 보면, 그가 깨끗한지 더러운지, 올바른
지 그른지, 알 수 있다. 12 듣는 귀와 보는 눈, 이 둘은 다 주
님께서 지으셨다. 13 가난하지 않으려면 잠을 좋아하지 말고,
먹거리를 풍족히 얻으려면 깨어 있어라. 14 물건을 고를 때
는 "나쁘다, 나쁘다" 하지만, 사간 다음에는 잘 샀다고 자랑한
다. 15 세상에 금도 있고 진주도 많이 있지만, 정말 귀한 보배
는 지각 있게 말하는 입이다. 16 남의 보증을 선 사람은 자기
의 옷을 잡혀야 하고, 모르는 사람의 보증을 선 사람은 자기
의 몸을 잡혀야 한다. 17 사람들은 속여서 얻은 빵이 맛있다고
하지만, 훗날에 그 입에 모래가 가득 찰 것이다. 18 계획은 사
람들의 뜻을 모아서 세우고, 전쟁은 전략을 세워놓고 하여라.
19 험담하며 돌아다니는 사람은 남의 비밀을 새게 하는 사람
이니, 입을 벌리고 다니는 사람과는 어울리지 말아라. 20 부
모를 저주하는 자식은 암흑 속에 있을 때에 등불이 꺼진다.

도덕적으로, 법적으로 특별히 문제될 만한 삶을 살지 않은 터라, 아무리 곱씹어도 죄
인이란 생각이 들지 않습니다(9절). 잘못인가요? 자기 손으로 남을 해치거나 괴롭
히지 않더라도, 우리 곁에서 벌어지는 끔찍한 일에 무관심하거나 무책임했던 적은
혹시 없었나요? 군사독재 정권이 민주주의를 외치는 사람을 짓밟을 때 남의 일로
여겨 관심을 두지 않고 지냈다면, 과연 우리가 죄 없다고 할 수 있을까요? 우리 사
회에서 가난이나 이런저런 사정으로 목숨을 끊는 이들에 대해 우리 책임은 정말 하
나도 없는 것일까요? 나 자신이 죄 없다 생각하는 것 자체가 너무 좁게 나 자신만
을 생각하는 '죄'는 아닐까요? 잠언 구절은 "당신들 모두 죄인이야"라고 선언한다기
보다, 이렇게 우리 삶과 우리 세상을 생각할 때 그 누구라도 자신을 죄 없다 말하기
는 어려울 것임을 돌아보게 합니다. 그래서 잠언은 세상과 이웃의 일들을 좀 더 우
리의 일로 공감하고 마음 아파하며 함께하는 삶을 권면합니다.

21 처음부터 빨리 모은 재산은 행복하게 끝을 맺지 못한다. 22 "악을 갚겠다" 하지 말아라. 주님을 기다리면, 그분이 너를 구원하신다. 23 규격에 맞지 않은 저울추는 주님께서 미워하신다. 속이는 저울은 나쁜 것이다. 24 사람의 발걸음은 주님으로 말미암은 것이니 사람이 어찌 자기의 길을 알 수 있겠느냐! 25 경솔하게 "이것은 거룩하다" 하여 함부로 서원하여 놓고, 나중에 생각이 달라지는 것은, 사람이 걸리기 쉬운 올가미이다. 26 지혜로운 왕은 악인을 키질하며, 그들 위에 타작기의 바퀴를 굴린다. 27 주님은 사람의 영혼을 환히 비추시고, 사람의 마음속 깊은 곳까지 살펴보신다. 28 인자와 진리가 왕을 지켜주고, 정의가 그의 보좌를 튼튼하게 한다. 29 젊은이의 자랑은 힘이요, 노인의 영광은 백발이다. 30 상처가 나도록 때려야 악이 없어진다. 매는 사람의 속 깊은 곳까지 들어간다.

부당한 일을 당하면 제 힘으로 맞서는 게 당연하지 않을까요? 22절처럼 주님이 어찌 해주시기만 기다리다 세월만 보내면 어쩌죠? 누군가 내게 부당한 일을 했을 때, 당연히 그 부당한 일은 바로잡아야 합니다. 그러나 이 구절이 말하는 것은 그 사람에게 사사롭게 복수하지는 말라는 뜻입니다. 바로 맞받아치는 복수는 내가 받은 만큼 정확히 돌려주기도 어렵고, 그래서 상대방도 억울한 마음이 들면서 끝없는 복수의 연쇄를 만들어낼 뿐이기 때문입니다. 불의를 바로잡으려고 노력하되, 복수는 하나님께 맡깁니다. 그러기 위해서는 불의를 바로잡는 일이 좀 더 공적이고 공개적인 과정을 통해 진행될 필요가 있습니다.

{ 제21장 }

주님께서 이끄신다

1 왕의 마음은 흐르는 물줄기 같아서 주님의 손안에 있다. 주님께서 원하시는 대로 왕을 이끄신다. 2 사람의 행위는 자기의 눈에는 모두 옳게 보이나, 주님께서는 그 마음을 꿰뚫어 보신다. 3 주님께서는 정의와 공평을 지키며 사는 것을 제사를 드리는 일보다 더 반기신다. 4 거만한 눈과 오만한 마음, 이러한 죄는 악인을 구별하는 표지이다. 5 부지런한 사람의 계획은 반드시 이득을 얻지만, 성급한 사람은 가난해질 뿐이다. 6 속여서 모은 재산은, 너를 죽음으로 몰아넣고, 안개처럼 사라진다. 7 악인의 폭력은 자신을 멸망으로 이끄니, 그가 바르게 살기를 거부하기 때문이다. 8 죄인의 길은 구부러졌지만, 깨끗한 사람의 행실은 올바르다. 9 다투기를 좋아하는 여자와 넓은 집에서 함께 사는 것보다, 차라리 다락 한구석에서 혼자 사는 것이 더 낫다. 10 악인은 마음에 악한 것만을 바라니, 가까운 이웃에게도 은혜를 베풀지 못한다. 11 오만한 사람이 벌을 받으면 어수

왕의 마음이 주님의 손안에 있다(1절)면, 어떻게 악한 통치자가 나타날 수 있습니까? 왕뿐 아니라 세상 모든 사람이 다 하나님의 뜻 가운데 있습니다. 그렇다고 해서 우리는 우리가 저지른 잘못을 하나님께서 그렇게 놔두셨거나 그렇게 하도록 뜻하셨다고 말할 수는 없겠지요. 이 구절은 왕이 어떤 계획을 하건, 그보다 더 큰 분이 계심을 말합니다. 오늘날의 대통령이나 수상에 비교해보면, 고대 세계의 왕은 정말 강력한 전제군주입니다. 그러나 그런 사람이라 할지라도 하나님의 손안에 있는 존재에 불과하다고 잠언은 말합니다. 그래서 임금 된 자는 하나님을 경외하며 겸손해야 하고, 백성 된 자는 임금이 아니라 그를 세우신 하나님을 두려워하는 태도가 필요합니다.

룩한 사람이 깨닫고, 지혜로운 사람이 책망을 받으면 지식을 더 얻는다. 12 의로우신 하나님은 악인의 집을 주목하시고, 그를 재앙에 빠지게 하신다. 13 가난한 사람의 부르짖음에 귀를 막으면, 자기가 부르짖을 때에 아무도 대답하지 않는다. 14 은밀하게 주는 선물은 화를 가라앉히고, 품속에 넣어주는 뇌물은 격한 분노를 가라앉힌다. 15 정의가 실현될 때에, 의인은 기뻐하고, 악인은 절망한다. 16 슬기로운 길에서 빗나가는 사람은 죽은 사람들과 함께 쉬게 될 것이다. 17 향락을 좋아하는 사람은 가난하게 되고, 술과 기름을 좋아하는 사람도 부자가 되지 못한다. 18 악인은 의로운 사람 대신에 치르는 몸값이 되고, 사기꾼은 정직한 사람 대신에 치르는 몸값이 된다. 19 다투며 성내는 아내와 함께 사는 것보다, 광야에서 혼자 사는 것이 더 낫다. 20 지혜 있는 사람의 집에는 값진 보물과 기름이 있지만, 미련한 사람은 그것을 모두 탕진하여버린다. 21 정의와 신의를 좇아서 살면, 생명과 번영과 영예를 얻는다. 22 지혜로운 사람은 용사들이 지키는 성에 올라가서, 그들이 든든히 믿는 요새도 무너뜨린다. 23 입과 혀를 지킬 수 있는 사람은, 역경 속에서도 자기의 목숨을 지킬 수 있다.

뇌물이 분노를 가라앉힌다고요?(14절) 그럼 뇌물을 주는 건 일을 잘 풀어가는 슬기로운 방법이로군요. 뇌물을 주는 행위가 올바른 방법이라고 말하는 구절이라고 볼 수는 없을 것 같습니다. 이 구절 앞에 있는 13절은 가난한 이의 부르짖음에 귀 막는 것을 규탄하고, 뒤에 있는 15절은 정의가 실현되는 세상을 이야기합니다. 우리가 생각하는 뇌물은 가난한 자의 부르짖음을 외면하고, 권력과 거대 기업의 이익을 정당화하는 것, 그래서 정의를 구부러지게 만드는 것이지 않습니까? 이를 생각하면, 14절은 뇌물을 정당화하는 표현이라기보다는 누군가와 분쟁이 있을 때 마음을 풀 수 있도록 선물을 함께 준비하라는 의미로 이해할 수 있습니다.

24 교만하고 건방진 사람을 오만한 자라고 하는데, 그런 사람은 우쭐대며 무례하게 행동한다. 25 게으른 사람의 욕심이 스스로를 죽이기까지 하는 것은, 어떠한 일도 제 손으로 하기를 싫어하기 때문이다. 26 악인은 온종일 탐하기만 하지만, 의인은 아끼지 않고 나누어준다. 27 악인의 제물이 역겨운 것이라면, 악한 의도로 바치는 것이야 더욱 그렇지 않겠는가? 28 위증을 하는 사람의 증언은 사라지지만, 사실대로 말하는 사람의 증언은 채택된다. 29 악한 사람은 얼굴이 뻔뻔스러우나, 정직한 사람은 자기의 행실을 잘 살핀다. 30 그 어떠한 지혜도, 명철도, 계략도, 주님을 대항하지 못한다. 31 전쟁을 대비하여 군마를 준비해도, 승리는 오직 주님께 달려 있다.

난데없이 웬 '몸값'(18절)이 나오죠? 무슨 뜻인지 통 모르겠습니다. 몸값은 누군가를 풀어주거나 자유롭게 해주려고 치르는 비용입니다. 그렇다면 이 구절은 의로운 사람과 정직한 사람을 살리기 위해 악인과 사기꾼이 대신 처벌받는다는 의미로 이해할 수 있습니다. 이런 방식의 어떤 제도 같은 것이 있다기보다, 이 구절은 결국 의인이 승리하고 악인은 처벌받는다는 것, 결국 정직한 자가 잘되고 사기꾼은 합당한 처벌을 다 받게 될 것이라는 점을 말한다고 볼 수 있습니다. 잠언은 이와 같은 말씀을 통해 지금은 악인과 사기꾼이 잘되는 것 같고 부귀영화를 누리는 것 같지만, 결국에는 그들이 누리는 모든 것들이 다 사라지고, 의로운 이와 정직한 자가 마땅한 보상을 받을 것임을 신뢰하며 살아가자고 격려합니다.

{ 제22장 }

훈계의 가치 ··· 서른 가지 교훈

1 많은 재산보다는 명예를 택하는 것이 낫고, 은이나 금보다는 은총을 택하는 것이 낫다. 2 부유한 사람과 가난한 사람이 다 함께 얽혀서 살지만, 이들 모두를 지으신 분은 주님이시다. 3 슬기로운 사람은 재앙을 보면 숨고 피하지만, 어수룩한 사람은 고집을 부리고 나아가다가 화를 입는다. 4 겸손한 사람과 주님을 경외하는 사람이 받을 보상은 재산과 영예와 장수이다. 5 마음이 비뚤어진 사람의 길에는 가시와 올무가 있으나, 자기 영혼을 지키는 사람은 그런 길을 멀리한다. 6 마땅히 걸어야 할 그 길을 아이에게 가르쳐라. 그러면 늙어서도 그 길을 떠나지 않는다. 7 가난하면 부자의 지배를 받고, 빚지면 빚쟁이의 종이 된다. 8 악을 뿌리는 사람은 재앙을 거두고, 분노하여 휘두르던 막대기는 기세가 꺾인다. 9 남을 잘 보살펴주는 사람이 복을 받는 것은, 그가 자기의 먹거리를 가난한 사

"많은 재산보다는 명예를 택하는 것이 낫고, 은이나 금보다는 은총을 택하는 것이 낫다"(1절), 명예는 쉽게 이해할 수 있는데, 도대체 '은총'은 무엇이기에 금은보다 더 귀한 걸까요? 이러한 맥락에서 은총은 호의, 은혜와 같은 의미이며, 이것은 사람에게 받는 것이기도 하고 하나님께 받는 것이기도 합니다. 아무리 은과 금이 많다 해도 사람들에게 미움받고 무엇보다도 하나님께 미움받는다면, 과연 그것은 진정한 행복일까요? 그 은과 금으로 어떻게 행복할 수 있을까요? 은과 금이 있어도 하나님과 사람으로부터 멀어진다면, 아무 소용이 없을 것입니다. 금은보화는 없어도, 올바른 삶의 길, 즉 지혜를 선택할 때 우리에게 은총이 있을 것입니다(잠 3:3-4). 눈에 보이는 것보다 보이지 않는 것이 더 소중한 경우가 우리에겐 정말 많습니다.

람에게 나누어주기 때문이다. 10 거만한 사람을 쫓아내면 다툼이 없어지고, 싸움과 욕설이 그친다. 11 깨끗한 마음을 간절히 바라며 덕을 끼치는 말을 하는 사람은, 왕의 친구가 된다. 12 주님의 눈은 지식 있는 사람을 지켜보시지만, 신의가 없는 사람의 말은 뒤엎으신다. 13 게으른 사람은 핑계 대기를 "바깥에 사자가 있다. 거리에 나가면 찢겨 죽는다" 한다. 14 음행하는 여자의 입은 깊은 함정이니, 주님의 저주를 받는 사람이 거기에 빠진다. 15 아이의 마음에는 미련한 것이 얽혀 있으나, 훈계의 매가 그것을 멀리 쫓아낸다. 16 이익을 탐해서, 가난한 사람을 학대하는 사람과, 부자에게 자꾸 가져다주는 사람은, 가난해질 뿐이다. 17 귀를 기울여서 지혜 있는 사람의 말을 듣고, 나의 가르침을 너의 마음에 새겨라. 18 그것을 깊이 간직하며, 그것을 모두 너의 입술로 말하면, 너에게 즐거움이 된다. 19 이는 네가 주님을 의뢰하며 살도록 하려고 오늘 내가 너에게 특별히 알려주는 것이다. 20 내가 너에게, 건전한 충고가 담긴 서른 가지 교훈을 써주지 않았느냐? 21 이는 네가 진리의 말씀을 깨달아서, 너에게 묻는 사람에게 바른 대답을 할 수 있게 하려 함이다.

'서른 가지 교훈'을 따로 추려 소개하는 까닭은 무엇입니까? 나머지 잠언들과는 어떤 차이가 있습니까? 22장 17절부터 24장 22절까지는 주전 12세기 무렵 애굽에서 비롯된 것으로 여겨지는 〈아메네모페의 교훈〉과 비슷한 구절이 많습니다. 특히 아메네모페의 교훈 역시 서른 개의 장을 지녔다고 기록되어 있어서 22장 20절에 있는 '서른 가지 교훈'이 그와 연관되리라 여겨집니다. 그러나 이 단락에 있는 내용을 정확히 서른 개로 구분하는 것은 보는 사람마다 썩 일치하지는 않아서 어려운 작업입니다. 잠언의 저자는 애굽에서 유통되는 지혜의 가르침을 받아들이되, 자신이 지닌 구약의 신앙 안에서 창조적 해석과 변화를 주었습니다. 잠언의 서론에서도 다루

1

22 가난하다고 하여 그 가난한 사람에게서 함부로 빼앗지 말고, 고생하는 사람을 법정에서 압제하지 말아라. 23 주님께서 그들의 송사를 맡아주시고, 그들을 노략하는 사람의 목숨을 빼앗으시기 때문이다.

2

24 성급한 사람과 사귀지 말고, 성을 잘 내는 사람과 함께 다니지 말아라. 25 네가 그 행위를 본받아서 그 올무에 걸려들까 염려된다.

3

26 이웃의 손을 잡고 서약하거나, 남의 빚에 보증을 서지 말아라. 27 너에게 갚을 것이 아무것도 없다면, 네가 누운 침대까지도 빼앗기지 않겠느냐?

있지만, 지혜를 추구하는 것은 당시 세계에 보편적인 현상이었고, 잠언은 구약 신앙의 틀 안에서 어떻게 대응하고 변화시켰는지를 보여줍니다. 고대 문헌 어디에서도 볼 수 없는 내용만 담고 있어서 구약이 특별한 것이 아니라, 보편적인 진리와 가르침, 올바른 삶에 대한 내용이 구약 안에도 당연히 포함되어 있으면서 이것을 주님을 믿는 신앙과 연결시킨다는 점에서 특별합니다. 그래서 신앙을 가졌든 가지지 않았든 옳고 바른 삶을 사는 것이 중요하고, 신앙인에게는 그러한 삶의 동기가 주님에 대한 신앙이라고 할 수 있습니다.

4

28 너의 선조들이 세워놓은 그 옛 경계표를 옮기지 말아라.

5

29 자기 일에 능숙한 사람을 네가 보았을 것이다. 그런 사람은 왕을 섬길 것이요, 대수롭지 않은 사람을 섬기지는 않을 것이다.

{ 제23장 }

6

1 네가 높은 사람과 함께 앉아 음식을 먹게 되거든, 너의 앞에 누가 앉았는지를 잘 살펴라. 2 식욕이 마구 동하거든, 목에 칼을 대고서라도 억제하여라. 3 그가 차린 맛난 음식에 욕심을 내지 말아라. 그것은 너를 꾀려는 음식이다.

"너희 선조들이 세워놓은 그 옛 경계표를 옮기지 말아라"(28절). 여기서 경계표를 옮긴다는 건 무슨 뜻입니까? 고대 이스라엘에서 땅은 모두 하나님의 것이되, 이스라엘 각 지파와 가족에게 사용할 수 있도록 나누어주신 것입니다(레 25:23). 경계표는 그렇게 각 가족에게 나누어진 땅의 경계를 표시하는 것입니다. 경계표를 옮기지 말라는 말은 다른 사람의 땅을 합법적으로든 비합법적으로든 제 것으로 삼지 말라는 경고입니다. 특히 고아나 과부와 같은 이들은 가난한 삶 때문에 땅을 빼앗기는 일이 흔했습니다. 이 구절은 그에 대한 경고이기도 합니다. 우리 주님은 과부가 사는 곳의 경계를 튼튼히 지켜주시는 분입니다(잠 15:25).

7

4 부자가 되려고 애쓰지 말고, 그런 생각을 끊어버릴 슬기를 가져라. 5 한순간에 없어질 재물을 주목하지 말아라. 재물은 날개를 달고, 독수리처럼 하늘로 날아가 버린다.

8

6 너는 인색한 사람의 상에서 먹지 말고, 그가 즐기는 맛난 음식을 탐내지 말아라. 7 무릇 그 마음의 생각이 어떠하면 그의 사람됨도 그러하니, 그가 말로는 '먹고 마셔라' 하여도, 그 속마음은 너를 떠나 있다. 8 네가 조금 먹은 것조차 토하겠고, 너의 아첨도 헛된 데로 돌아갈 것이다.

9

9 미련한 사람의 귀에는 아무 말도 하지 말아라. 그가 너의 슬

"부자가 되려고 애쓰지 말고 … 한순간에 없어질 재물을 주목하지 말아라. 재물은 날개를 달고, 독수리처럼 하늘로 날아가 버린다"(4–5절). 이런 잠언이 말하려는 것은 부유해지려고 애쓰는 것은 잘못, 또는 최소한 부끄러운 일로 여기라는 뜻인가요? 여호와를 경외하는 이는 그의 창고가 가득 차게 된다는 말씀(잠 3:7–10)이나 지혜의 오른손에 장수, 왼손에 부귀영화가 있다는 말씀(3:16)을 생각하면, 부유해지려고 애쓰지 말라는 구절은 삶의 우선순위에 대해 말한다고 볼 수 있습니다. 부자가 되기 위해 애쓰는 것에 앞서 해야 할 일이 무엇인지 돌아봐야 할 것입니다. 성경은 '여호와를 경외하는 것'을 우리 삶의 근본이라고 거듭 말합니다. 부유해지려고 애쓸 것이 아니라, 올바른 삶을 살기 위해 애쓸 때, 지혜가 여러 면에서 우리 삶을 풍성하게 할 것입니다.

기로운 말을 업신여길 것이기 때문이다.

10

10 옛날에 세워놓은 밭 경계표를 옮기지 말며, 고아들의 밭을
침범하지 말아라. 11 그들의 구원자는 강한 분이시니, 그분이
그들의 송사를 맡으셔서 너를 벌하실 것이다.

11

12 훈계를 너의 마음에 간직하고, 지식이 담긴 말씀에 너의 귀
를 기울여라.

12

13 아이 꾸짖는 것을 삼가지 말아라. 매질을 한다고 하여서 죽
지는 않는다. 14 그에게 매질을 하는 것이, 오히려 그의 목숨

고아들에게 무슨 밭이 있을까요? '고아'(10절)는 어떤 이들을 대표하는 말인가요?
앞서 22장 28절에서도 보았지만, 모든 이스라엘에게는 하나님께로부터 받았다고 믿
는 땅이 있습니다. '옛날에 세워놓은 밭 경계표'와 같은 표현은 땅에 대한 이스라엘
의 신앙을 잘 보여줍니다. 하나님은 영혼에만 관심이 있는 분이 아니라, 이처럼 모든
이스라엘이 자신의 땅을 경작하며 살아가는 삶을 지키십니다. 그런데 고아나 과부
라는 이유로 주변의 힘 있는 이들이 이런저런 방식으로 그 땅을 강탈하곤 했습니다.
잠언 구절은 그에 대해 강력하게 경고합니다. 이어지는 11절에서 보듯, 고아를 학대
하는 이는 하나님께서 반드시 심판하실 것입니다. 올바른 삶의 추구로서의 지혜는
당연히 가난한 이웃과 어떻게 함께 살아가야 하는지에 대한 내용도 포함합니다.

을 스올에서 구하는 일이다.

13

15 내 아이들아, 너의 마음이 지혜로우면, 나의 마음도 또한 즐겁다. 16 네가 입을 열어 옳은 말을 할 때면, 나의 속이 다 후련하다.

14

17 죄인들을 보고 마음속으로 부러워하지 말고, 늘 주님을 경외하여라. 18 그러면, 너의 미래가 밝아지고, 너의 소망도 끊어지지 않는다.

15

19 내 아이들아, 너는 잘 듣고 지혜를 얻어서, 너의 마음을 바

18절에서 말하는 '소망'은 무얼 바라보는 소망입니까? 같은 구절에 있는 '미래'라는 말과 같은 의미입니다. 구약의 신앙인들은 현재의 삶이 어렵더라도 하나님께서 마침내 선한 길로, 풍성하고 복된 길로 인도하신다는 믿음을 가졌습니다. 이를 신실하신 하나님에 대한 신뢰라고 말할 수 있습니다. 애굽에서 종이었던 자신들의 부르짖음을 듣고 건져내신 하나님을 경험하고 전하면서 이 같은 믿음이 단단해졌습니다. 반면, 하나님을 신뢰하지 않는 이들은 세상의 풍조를 따라 불의와 죄를 짓더라도 자신들의 욕망을 추구하고 부요함을 추구했습니다. 잠언은 그런 사람들을 부러워하지 말라고, 그런 성공을 보고 낙심하거나 스스로를 초라하게 여기지 말라고 권면합니다. 어려움에도 믿음으로 살 때, 하나님께서 행하실 미래에 대한 소망이 생깁니다.

르게 이끌어라. 20 너는 술을 많이 마시는 사람이나 고기를 탐하는 사람과는 어울리지 말아라. 21 늘 술에 취해 있으면서 먹기만을 탐하는 사람은 재산을 탕진하게 되고, 늘 잠에 빠져 있는 사람은 누더기를 걸치게 된다.

16

22 너를 낳아준 아버지에게 순종하고 늙은 어머니를 업신여기지 말아라. 23 진리를 사들이되 팔지는 말아라. 지혜와 훈계와 명철도 그렇게 하여라. 24 의인의 아버지는 크게 기뻐할 것이며, 지혜로운 자식을 둔 아버지는 크게 즐거워할 것이다. 25 너의 어버이를 즐겁게 하여라. 특히 너를 낳은 어머니를 기쁘게 하여라.

17

26 내 아이들아! 나를 눈여겨보고, 내가 걸어온 길을 기꺼이 따라라. 27 음란한 여자는 깊은 구렁이요, 부정한 여자는 좁은

"너를 낳아준 아버지에게 순종하고 늙은 어머니를 업신여기지 말아라"(22절). "특히 너를 낳은 어머니를 기쁘게 하여라"(25절). '효'를 말하면서 특히 어머니를 강조합니다. 특별한 이유가 있을까요? "의인의 아버지는 크게 기뻐할 것이며, 지혜로운 자식을 둔 아버지는 크게 즐거워할 것이다. … 특히 너를 낳은 어머니를 기쁘게 하여라"(24-25절). 24절에서는 지혜로운 자식을 둔 아버지의 기쁨을, 25절에서는 어머니의 기쁨을 이야기한다는 점에서 서로 대응됩니다. 잠언은 부모에 대한 효 역시 지혜로운 삶의 연장으로 풀이합니다. 특별히 어머니를 기억하며 그를 기쁘게 하는 것은 한편으로는 우리를 지으신 하나님을 기억하며 기쁘시게 하는 것이고, 다른 한편으론 아무래도 남성보다는 차별받기 일쑤이던 여성인 어머니에 대한 사랑과 존중이라는 점에서 약자에 대한 사랑과 섬김이기도 합니다.

함정이다. 28 강도처럼 남자를 노리고 있다가, 숱한 남자를 변절자로 만든다.

18

29 재난을 당할 사람이 누구며, 근심하게 될 사람이 누구냐? 다투게 될 사람이 누구며, 탄식할 사람이 누구냐? 까닭도 모를 상처를 입을 사람이 누구며, 눈이 충혈될 사람이 누구냐? 30 늦게까지 술자리에 남아 있는 사람들, 혼합주만 찾아다니는 사람들이 아니냐! 31 잔에 따른 포도주가 아무리 붉고 고와도, 마실 때에 순하게 넘어가더라도, 너는 그것을 쳐다보지도 말아라. 32 그것이 마침내 뱀처럼 너를 물고, 독사처럼 너를 쏠 것이며, 33 눈에는 괴이한 것만 보일 것이며, 입에서는 허튼소리만 나올 것이다. 34 바다 한가운데 누운 것 같고, 돛대 꼭대기에 누운 것 같을 것이다. 35 "사람들이 나를 때렸는데도 아프지 않고, 나를 쳤는데도 아무렇지 않다. 이 술이 언제 깨지? 술이 깨면, 또 한잔 해야지" 하고 말할 것이다.

{ 제24장 }

19

1 너는 악한 사람을 부러워하지 말며, 그들과 어울리고 싶어
하지도 말아라. 2 그들의 마음은 폭력을 꾀하고, 그들의 입술
은 남을 해칠 말만 하기 때문이다.

20

3 집은 지혜로 지어지고, 명철로 튼튼해진다. 4 지식이 있어
야, 방마다 온갖 귀하고 아름다운 보화가 가득 찬다.

21

5 지혜가 있는 사람은 힘이 센 사람보다 더 강하고, 지식이 있
는 사람은 기운이 센 사람보다 더 강하다. 6 전략을 세운 다음
에야 전쟁을 할 수 있고, 참모가 많아야 승리할 수 있다.

지혜와 명철, 지식을 건축자재에 빗대고 있습니다(3절). 각각 어떤 역할을 한다는 뜻
인가요? 지혜, 명철, 지식은 다 같은 의미를 달리 표현한 것입니다. 여기서 집은 가
정이기도 하고 공동체, 나아가 국가이기도 합니다. 집을 튼튼하고 견고하게 하는 것
은 단지 건축자재만 좋은 것을 쓴다 해서 될 일은 아니겠지요. 지혜로운 삶, 명철한
삶이 없다면, 아무리 튼튼하고 좋은 자재를 썼더라도 그 집은 오래갈 수 없을 것입
니다. 아무리 집 안에 금은보화가 많아도 올바른 지식이 없다면 그 집은 그야말로
빈곤하기 이를 데 없는 곳이겠지요. 정말로 한 가정, 한 공동체, 한 나라를 튼튼히
세우는 것이 무엇인지 아는 것이 지혜이기도 하겠습니다.

22

7 지혜는 너무 높이 있어서, 어리석은 사람이 거기에 미치지 못하니, 어리석은 사람은 사람이 모인 데서 입을 열지 못한다.

23

8 늘 악한 일만 꾀하는 사람은, 이간질꾼이라고 불린다. 9 어리석은 사람은 죄짓는 것만 계획한다. 오만한 사람은 누구에게나 미움을 받는다.

24

10 재난을 당할 때에 낙심하는 것은, 너의 힘이 약하다는 것을 드러내는 것이다.

10절대로라면 어려운 일을 당해도 짐짓 아무렇지도 않은 척을 해야 한다는 말입니까? 기만이나 허세가 아닌가요? 재난은 실제로 우리를 낙심하게 하고 절망하게도 만듭니다. 그런 낙심과 절망은 지극히 당연하고 자연스러운 일이니 이를 하지 말라 할 수는 없겠지요. 마음에 품은 뜻이 옳고 바른데도 재난과 같은 상황이 덮치면 사람들은 우리가 품은 뜻을 비웃으며 제 앞가림이나 하라고 조롱하기도 하며, 무엇보다도 이러한 상황은 우리 스스로 자신을 한심하게 여기게 만듭니다. 잠언 구절은 재난으로 인해 품은 뜻을 포기하지 말라고 권합니다. 옳은 길, 지혜로운 삶의 길을 추구하다가 겪게 되는 재앙에 굴복하지 말라고 격려합니다.

11 너는 죽을 자리로 끌려가는 사람을 건져주고, 살해될 사람을 돕는 데 인색하지 말아라. 12 너는 그것이 '내가 알 바 아니라' 고 생각하며 살겠지만, 마음을 헤아리시는 주님께서 어찌 너의 마음을 모르시겠느냐? 너의 목숨을 지키시는 주님께서 다 알고 계시지 않겠느냐? 그분은 각 사람의 행실대로 갚으실 것이다.

26

13 내 아이들아, 꿀을 먹어라. 그것은 좋은 것이다. 송이꿀을 먹어라. 그것은 너의 입에 달콤할 것이다. 14 지혜도 너의 영혼에게는 그와 같다는 것을 알아라. 그것을 얻으면 너의 장래가 밝아지고, 너의 소망이 끊어지지 않는다.

16절은 듣기는 좋은데, 현실과 동떨어진 말입니다. 착하게 살다가 곤경에 빠지고 영영 헤어나지 못하는 이들이 좀 많아야죠. 그러면 우리는 어떻게 살아야 할까요? 올바르게 살아도 넘어지는 이가 많으니, 그냥 적당히 악을 행하며 살자고 해야 할까요? 청소년들을 향해 "세상은 그런 곳이니 네가 살아남고 누리는 데 힘써라" 하고 말해야 할까요?

의인은 일곱 번 넘어져도 일어난다는 이 구절은 옳고 바른 삶을 포기하지 않겠다는 선언 같습니다. "제아무리 악이 번성해도 그냥 굴복하지는 않겠어요!"라는 외침 같기도 합니다. 그런 세상을 다음 세대에게 전하고 싶다면, 그런 세상을 꿈꾸며 지금을 살아가야 하겠습니다. 비록 실패해도 그 뜻은 계속 이어집니다. 일곱 번 실패해도 또 이어집니다.

그래서 이렇게 비현실적으로 보이는 내용을 가득 지닌 성경이 지금까지도 읽히고 전해졌을 것입니다.

27

15 악한 사람아, 의인의 집을 노리지 말고, 그가 쉬는 곳을 헐지 말아라. 16 의인은 일곱 번을 넘어지더라도 다시 일어나지만, 악인은 재앙을 만나면 망한다.

28

17 원수가 넘어질 때에 즐거워하지 말고, 그가 걸려서 쓰러질 때에 마음에 기뻐하지 말아라. 18 주님께서 이것을 보시고 좋지 않게 여기셔서, 그 노여움을 너의 원수로부터 너에게로 돌이키실까 두렵다.

29

19 행악자 때문에 분개하지도 말고, 악인을 시기하지도 말아라. 20 행악자에게는 장래가 없고, 악인의 등불은 꺼지고 만다.

"내 아이들아, 주님과 왕을 경외하고, 변절자들과 사귀지 말아라"(21절). 주님과 왕을 동급으로 놓은 것인가요? 주님은 그렇다 쳐도 왕까지 무조건 경외하라는 건 불합리합니다. 악한 통치자도 얼마든지 나올 수 있지 않습니까? 이제까지 잠언은 술기차게 가난한 자에 대한 사랑을 강조하고 정의를 강조해왔습니다. 그 점을 생각하면, 왕을 경외하라는 말씀이 그의 악과 불의에도 불구하고 무조건 따르라는 의미는 아닐 것입니다. 실제로 구약의 예언자들은 불의하고 부당한 왕에게 나아가 서슴없이 죄악을 고발하고 심판을 선포하기도 했습니다. 그렇다면 이 잠언 구절은 하나님만 경외한다 할 것이 아니라, 우리 주위에 있는 존중할 만한 사람들을 존중하라는 의미로 좀 더 확대해 생각해볼 수 있습니다.

21 내 아이들아, 주님과 왕을 경외하고, 변절자들과 사귀지 말아라. 22 그들이 받을 재앙은 갑자기 일어나는 것이니, 주님이나 왕이 일으킬 재난을 누가 알겠느냐?

추가 교훈

23 몇 가지 교훈이 더 있다. 재판할 때에 얼굴을 보아 재판하는 것은 옳지 않다. 24 악인에게 '네가 옳다' 하는 자는 백성에게서 저주를 받고, 뭇 민족에게서 비난을 받을 것이다. 25 그러나 악인을 꾸짖는 사람은 기쁨을 얻을 것이며, 좋은 복도 받을 것이다. 26 바른말을 해주는 것이, 참된 우정이다. 27 네 바깥일을 다 해놓고 네 밭일을 다 살핀 다음에, 네 가정을 세워라. 28 너는 이유도 없이 네 이웃을 치는 증언을 하지 말고, 네 입술로 속이는 일도 하지 말아라. 29 너는 "그가 나에게 한 그대로 나도 그에게 하여, 그가 나에게 한 만큼 갚아주겠다" 하고 말하지 말아라. 30 게으른 사람의 밭과 지각이 없는 사람

17장 9절에서는 친구의 허물을 덮어주어야 사랑받는다더니 24장 26절에서는 바른말을 해주는 것이 참된 우정이라고요? 왜 딴소리죠? 잠언은 한마디로 모든 것을 말한다기보다는 사물이나 사건, 행동의 어떤 측면을 포착해 짧은 대구로 표현합니다. 그래서 같은 사건이라 할지라도 이런저런 측면에서의 관찰과 깨달음이 나올 수 있겠지요. 17장 9절이 친구의 연약함을 감싸주라는 의미였다면, 이번 구절은 친구의 연약함이나 잘못을 솔직하게 이야기해서 친구가 더욱 성장하도록 도우라는 의미입니다. 친구에 대한 이 두 가지 태도는 서로 모순되지 않습니다. 모두 친구에 대한 진심과 사랑에서 비롯된 것이니까요.

의 포도원을 내가 지나가면서 보았더니, 31 거기에는 가시덤
불이 널려 있고, 엉겅퀴가 지면을 덮었으며, 돌담이 무너져 있
었다. 32 나는 이것을 보고 마음 깊이 생각하고, 교훈을 얻었
다. 33 "조금만 더 자야지, 조금만 더 눈을 붙여야지, 조금만
더 팔을 베고 누워 있어야지" 하면, 34 가난이 강도처럼 들이
닥치고, 빈곤이 방패로 무장한 용사처럼 달려들 것이다.

{ 제25장 }

솔로몬의 잠언 추가

1 이것도 솔로몬의 잠언으로, 유다 왕 히스기야의 신하들이 편집한 것이다. 2 일을 숨기는 것은 하나님의 영광이요, 일을 밝히 드러내는 것은 왕의 영광이다. 3 하늘이 높고 땅이 깊은 것처럼, 왕의 마음도 헤아리기 어렵다. 4 은에서 찌꺼기를 없애라. 그래야 은장색의 손에서 그릇이 되어 나온다. 5 왕 앞에서는 악한 사람을 없애라. 그래야 왕위가 공의 위에 굳게 선다. 6 왕 앞에서 스스로 높은 체하지 말며, 높은 사람의 자리에 끼어들지 말아라. 7 너의 눈앞에 있는 높은 관리들 앞에서 '저리로 내려가라'는 말을 듣는 것보다, '이리로 올라오라'는 말을 듣는 것이 더 낫기 때문이다. 8 너는 급하게 소송하지 말아라. 훗날에 너의 이웃이 너를 이겨 부끄럽게 만들 때에, 네가 어떻게 할지가 염려된다. 9 이웃과 다툴 일이 있으면 그와 직접 변론만 하고, 그의 비밀을 퍼뜨리지 말아라. 10 그 말을 듣는 사람이 오히려 너를 비난하면, 그 나쁜 소문이 너에게서 떠나지 않

"일을 숨기는 것은 하나님의 영광이요, 일을 밝히 드러내는 것은 왕의 영광이다"(2절). 쉽게 이해할 수 없는 내용입니다. 하나님은 무엇을 숨기시는 거죠? 그리고 그것이 어떻게 하나님의 영광이 됩니까? 이 구절은 하나님과 왕을 대조합니다. 왕은 자신의 업적을 드러내고 무엇인가를 밝혀내고 성취해서 영광을 받고 누립니다. 반면 하나님의 행하심을 가리켜 '일을 숨기는 것'이라 표현합니다. 우리가 알지 못하는 일이 얼마나 많습니까? 우리가 알지 못한 채 지나간 현실은 또 얼마나 많을까요? 왕은 밝혀내지만, 하나님께서는 우리 죄를 덮으시기도 하고 감추기도 하셔서 우리가 오늘도 살 수 있도록 하십니다. 그래서 이 구절은 왕의 영광을 거쳐 하나님의 위대하심을 증언합니다.

고 따라다닐까 두렵다. 11 경우에 알맞은 말은, 은쟁반에 담긴 금사과이다. 12 지혜로운 사람의 책망은, 들을 줄 아는 사람의 귀에는, 금귀고리요, 순금 목걸이이다. 13 믿음직한 심부름꾼은 그를 보낸 주인에게는 무더운 추수 때의 시원한 냉수와 같아서, 그 주인의 마음을 시원하게 해준다. 14 선물을 한다고 거짓말로 자랑을 퍼뜨리는 사람은 비를 내리지 못하는 구름과 바람 같다. 15 분노를 오래 참으면 지배자도 설득되고, 부드러운 혀는 뼈도 녹일 수 있다. 16 꿀을 발견하더라도 적당히 먹어라. 과식하면 토할지도 모른다. 17 이웃집이라 하여 너무 자주 드나들지 말아라. 그가 싫증이 나서 너를 미워하게 될지도 모른다. 18 거짓말로 이웃에게 불리한 증언을 하는 사람은, 망치요, 칼이요, 뾰족한 화살이다. 19 환난을 당할 때에, 진실하지 못한 사람을 믿는 것은, 마치 썩은 이와 뼈가 부러진 다리를 의지하는 것과 같다. 20 마음이 상한 사람 앞에서 즐거운 노래를 부르는 것은, 추운 날에 옷을 벗기는 것과 같고, 상처에 초를 붓는 것과 같다. 21 네 원수가 배고파하거든 먹을 것을 주고, 목말라 하거든 마실 물을 주어라. 22 이렇게 하는 것은, 그의 낯을 뜨겁게 하는 것이며, 주님께서 너에게 상으로 갚아주실 것

15절은 힘이 없으면 잠자코 참기만 하라는 뜻 같아서 듣기 불편합니다. 정말 그런 뜻인가요? 분노하는 것이 죄는 아니지만, 그때마다 분노할 수는 없겠지요. 상대의 잘못에 대해 곧바로 화낼 수도 있지만, 한 번 더 참을 때 상대가 뉘우치고 자신의 잘못을 인정한 적도 있지 않습니까? 여기서 '지배자'를 든 것은 지배자에게만 그렇게 하라는 뜻이 아니라, 지배자같이 오만하고 힘센 이들조차도 분노를 참고 부드럽게 말할 때 변화의 여지가 있음을 강조한 것입니다. 앞에서도 말했지만 잠언은 모든 경우에 해당하는 말을 하는 것이 아니라 어떤 상황의 어떤 측면을 특히 강조해서 표현했음을 기억할 필요가 있습니다.

이다. 23 북풍이 비를 일으키듯, 헐뜯는 혀는 얼굴에 분노를 일으킨다. 24 다투기를 좋아하는 여자와 넓은 집에서 함께 사는 것보다, 차라리 다락 한구석에서 혼자 사는 것이 더 낫다. 25 먼 데서 오는 기쁜 소식은 목이 타는 사람에게 주어지는 냉수와 같다. 26 의인이 악인 앞에 무릎을 꿇는 것은, 흐려진 샘물과 같고, 오염된 우물물과 같다. 27 꿀도 너무 많이 먹는 것은 좋지 않듯이, 영예를 지나치게 구하는 것은 좋지 않다. 28 자기의 기분을 자제하지 못하는 사람은, 성이 무너져 성벽이 없는 것과 같다.

하나님은 어떤 상을 주십니까? 복수의 쾌감을 포기하고도 남을 만큼 근사한가요? 우리는 내가 받은 만큼만을 정확하게 복수하는 법을 알지 못합니다. 그래서 복수는 그 순간엔 즐겁지만, 반드시 그 이후의 대갚음을 가져올 것입니다. 그리고 원수가 배고파하고 물을 달라고 한다는 것은 이미 그가 몰락해 초라한 지경에 처했음을 보여줍니다. 그때 우리가 할 수 있는 일은 그에게 필요한 것을 공급하는 겁니다. 하나님께서 상 주신다는 말씀은 그러한 삶이 올바른 삶임을 간직하며 살라는 의미일 것입니다. 내가 당한 것에 대한 대갚음이 지배하는 세상이 아니라, 틀린 것은 틀렸다 하되 선으로 악을 이기는 세상이 우리가 살고 싶은 세상이라면, 지금부터 우리는 그런 선택을 해야 할 것입니다.

{ 제26장 }

미련한 사람이 되지 말아라

1 미련한 사람에게는 영예가 어울리지 않는다. 이는 마치 여름에 눈이 내리는 것과 같고, 추수 때에 비가 오는 것과 같다. 2 까닭 없는 저주는 아무에게도 미치지 않으니, 이는 마치 참새가 떠도는 것과 같고, 제비가 날아가는 것과 같다. 3 말에게는 채찍, 나귀에게는 재갈, 미련한 사람의 등에는 매가 필요하다. 4 미련한 사람이 어리석은 말을 할 때에는 대답하지 말아라. 너도 그와 같은 사람이 될까 두렵다. 5 미련한 사람이 어리석은 말을 할 때에는 같은 말로 대응하여주어라. 그가 지혜로운 체할까 두렵다. 6 미련한 사람을 시켜서 소식을 보내는 것은, 제 발목을 자르거나 폭력을 불러들이는 것과 같다. 7 미련한 사람이 입에 담는 잠언은, 저는 사람의 다리처럼 힘이 없다. 8 미련한 사람에게 영예를 돌리는 것은, 무릿매에 돌을 올려놓는 것과 같다. 9 미련한 사람이 입에 담는 잠언은, 술 취한 사람이 손에 쥐고 있는 가시나무와 같다. 10 미련한 사람이나 지나가

4-5절은 앞뒤가 다른 말 아닌가요? 그러니까 대답을 하라는 겁니까, 아니면 말라는 겁니까? 이와 같은 두 구절이 이 책 잠언의 특징을 잘 보여줍니다. 올바른 관계를 맺는 지혜를 추구하는 것이 잠언이라고 할 때, 어떠한 상황에나 해당되는 한두 가지의 말로 어떻게 지혜가 정리될 수 있을까요? 정답이라는 것이 상황과 연관 없이 제시될 때, 오히려 그로 인해 상처받은 적이 우리에게도 있지 않습니까? 이 두 구절은 정답을 말하지 않습니다. 그때그때 올바른 대응을 찾도록 우리를 이끌되, 다른 이의 어리석은 삶을 보고 우리는 그처럼 살지 말라는 것, 그리고 어리석은 사람의 어리석음을 그저 모른 체만 하지 말라고 권합니다.

는 사람을 고용하는 것은, 궁수가 닥치는 대로 사람을 쏘아대는 것과 같다. 11 개가 그 토한 것을 도로 먹듯이, 미련한 사람은 어리석은 일을 되풀이한다. 12 너는 스스로 지혜롭다 하는 사람을 보았을 것이나, 그런 사람보다는 오히려 미련한 사람에게 더 희망이 있다. 13 게으른 사람은 핑계 대기를 "길에 사자가 있다. 거리에 사자가 있다" 한다. 14 문짝이 돌쩌귀에 붙어서 돌아가듯이, 게으른 사람은 침대에만 붙어서 뒹군다. 15 게으른 사람은 밥그릇에 손을 대고서도, 입에 떠 넣기조차 귀찮아한다. 16 게으른 사람은 재치 있게 대답하는 사람 일곱보다 자기가 더 지혜롭다고 생각한다. 17 자기와 관계없는 싸움에 끼어드는 것은, 사람이 개의 귀를 붙잡는 것과 같다. 18 횃불을 던지고 화살을 쏘아서 사람을 죽이는 미친 사람이 있다. 19 이웃을 속이고서도 "농담도 못 하냐?" 하고 말하는 사람도 그러하다. 20 땔감이 다 떨어지면 불이 꺼지듯이, 남의 말을 잘하는 사람이 없어지면 다툼도 그친다. 21 숯불 위에 숯을 더하는 것과, 타는 불에 나무를 더하는 것과 같이, 다투기를 좋아하는 사람은 불난 데 부채질을 한다. 22 헐뜯기를 잘하는 사람의 말은 맛있는 음식과 같아서, 뱃속 깊은 데로 내려간다. 23 악한 마음

"게으른 사람은 재치 있게 대답하는 사람 일곱보다 자기가 더 지혜롭다고 생각한다"(16절). "비록 다정한 말을 한다 하여도 그를 믿지 말아라. 그의 마음속에는 역겨운 것이 일곱 가지나 들어 있다"(25절). 이처럼 잠언에는 일곱이라는 숫자가 꽤 자주 등장합니다. 무슨 이유가 있나요? 구약과 고대 시대에 숫자 7은 완전함, 충만을 상징합니다. 그래서 이 숫자는 하나님의 행하심을 가리키는 데도 쓰입니다. 7일간의 천지창조가 그렇지요. 잠언과 지혜 문헌 역시 숫자 7의 이런 용도를 잘 알고 있고, 그래서 전부를 가리킬 때 숫자 7을 사용합니다(6:31; 9:1; 24:16; 26:16). 즉 그의 마음에 역겨운 것이 일곱 가지라는 말은 그 마음에는 온통 역겨운 것투성이라는 뜻입니다.

을 품고서 말만 매끄럽게 하는 입술은, 질그릇에다가 은을 살짝 입힌 것과 같다. 24 남을 미워하는 사람은 입술로는 그렇지 않은 체하면서, 속으로는 흉계를 꾸민다. 25 비록 다정한 말을 한다 하여도 그를 믿지 말아라. 그의 마음속에는 역겨운 것이 일곱 가지나 들어 있다. 26 미운 생각을 교활하게 감추고 있다 하여도, 그 악의는 회중 앞에서 드러나기 마련이다. 27 함정을 파는 사람은 자기가 그 속에 빠지고, 돌을 굴리는 사람은 자기가 그 밑에 깔린다. 28 거짓말을 하는 혀는 흠 없는 사람의 원수이며, 아첨하는 사람은 자기의 신세를 망친다.

{ 제27장 }

내일 일을 자랑하지 말아라

1 내일 일을 자랑하지 말아라. 하루 사이에 무슨 일이 생길지 알 수 없다. 2 네가 너를 칭찬하지 말고, 남이 너를 칭찬하게 하여라. 칭찬은 남이 하여주는 것이지, 자기의 입으로 하는 것이 아

우리는 지금 개인의 가치가 극대화된 세상에 살고 있습니다. 하지만 여기서는 "드러내놓고 꾸짖는 것이, 숨은 사랑보다 낫다"(5절)고 말합니다. 어떻게 상대의 잘못을 꾸짖는 게 사랑보다 나을 수 있습니까? 아무나 꾸짖을 수는 없겠지요. 그러나 자녀나 형제, 가까운 친구나 동료 사이에서 부당한 일을 보고도 가만히 있다면, 그것을 개인에 대한 존중이라 말할 수는 없을 것입니다. 그리고 이 구절의 또 다른 초점은 '드러내놓고'입니다. 속으로는 상대방에 대한 온갖 판단을 다 하면서 겉으로는 아닌 척하기보다, 틀린 것은 틀렸다고 솔직하게 말해주는 것이 필요합니다. 숨은 사랑은 도무지 식별이 안 되지만, 드러내놓은 책망은 서로를 향한 관심과 사랑의 표현입니다.

니다. 3 돌도 무겁고 모래도 짐이 되지만, 어리석은 사람이 성가시게 구는 것은, 이 두 가지보다 더 무겁다. 4 분노는 잔인하고 진노는 범람하는 물과 같다고 하지만, 사람의 질투를 누가 당하여낼 수 있으랴? 5 드러내놓고 꾸짖는 것이, 숨은 사랑보다 낫다. 6 친구의 책망은 아파도 진심에서 나오지만, 원수의 입맞춤은 거짓에서 나온다. 7 배부른 사람은 꿀도 지겨워하지만, 배고픈 사람은 쓴 것도 달게 먹는다. 8 고향을 잃고 떠도는 사람은, 둥지를 잃고 떠도는 새와 같다. 9 향유와 향료가 마음을 즐겁게 하듯이, 친구의 다정한 충고가 그와 같다. 10 너의 친구나 너의 아버지의 친구를 저버리지 말아라. 네가 어렵다고 친척의 집을 찾아다니지 말아라. 가까운 이웃이 먼 친척보다 낫다. 11 내 아이들아, 지혜를 깨우치고, 나의 마음을 기쁘게 하여라. 그러면 나를 비방하는 사람에게, 내가 대답할 수 있겠다. 12 슬기로운 사람은 재앙을 보면 숨어 피하지만, 어수룩한 사람은 고집을 부리고 나아가다가 화를 입는다. 13 남의 보증을 선 사람은 자기의 옷을 잡혀야 하고, 모르는 사람의 보증을 선 사람은 자기의 몸을 잡혀야 한다. 14 이른 아침에 큰 소리로 이웃에게 축복의 인사를 하면, 그것을 오히려 저주로 여길 것이다. 15 다투기를

"고향을 잃고 떠도는 사람은, 둥지를 잃고 떠도는 새와 같다"(8절). 여기서 '고향'은 무얼 가리킵니까? 요즘처럼 도시에서 태어난 이들이 대부분인 지금, 고향은 무슨 의미가 있습니까? '고향'이라고 표현했지만 직역하면 그것은 '그의 장소'이니, 좀 더 쉽게 '집'이라고 이해할 수 있습니다. 그렇다면 우리가 마음 편히 거할 수 있는 곳, 쉴 수 있는 곳을 가리킨다고 볼 수 있지요. 어떤 이에게는 고향이 그런 장소일 수 있겠고, 대부분의 사람에게는 저녁에 돌아갈 집 혹은 가정이 그런 곳일 수 있겠습니다. 좀 더 깊이 생각하면, 하나님의 사랑 안이 그러한 참된 쉴 곳이기도 하며, 주님과 동행하는 삶이 그런 '고향'이기도 합니다.

좋아하는 여자는, 비 오는 날 지붕에서 끊임없이 비가 새는 것과 같다. 16 그런 여자를 다스리려는 것은, 바람을 다스리려는 것과 같고, 손으로 기름을 가득 움켜잡으려는 것과 같다. 17 쇠붙이는 쇠붙이로 쳐야 날이 날카롭게 서듯이, 사람도 친구와 부대껴야 지혜가 예리해진다. 18 무화과나무를 가꾸는 사람이 그 열매를 먹듯이, 윗사람의 시중을 드는 사람이 그 영화를 얻는다. 19 사람의 얼굴이 물에 비치듯이, 사람의 마음도 사람을 드러내 보인다. 20 스올과 멸망의 구덩이가 만족을 모르듯, 사람의 눈도 만족을 모른다. 21 도가니는 은을, 화덕은 금을 단련하듯이, 칭찬은 사람됨을 달아볼 수 있다. 22 어리석은 사람은 곡식과 함께 절구에 넣어서 공이로 찧어도, 그 어리석음이 벗겨지지 않는다. 23 너의 양 떼의 형편을 잘 알아두며, 너의 가축 떼에게 정성을 기울여라. 24 재물은 영원히 남아 있지 않으며, 왕관도 대대로 물려줄 수 없기 때문이다. 25 그러나 풀은 벤 뒤에도 새 풀이 돋아나니, 산에서 꼴을 거둘 수 있다. 26 어린 양의 털로는 너의 옷을 지어 입을 수 있고, 숫양으로는 밭을 사들일 수 있으며, 27 염소의 젖은 넉넉하여, 너와 너의 집 식구의 먹을 것뿐만 아니라, 너의 여종의 먹을 것까지 있을 것이다.

시련이라면 또 모를까, 어떻게 칭찬이 됨됨이를 평가하는 도구가 될 수 있습니까?(21절) 칭찬에 대해 어떻게 반응하고 대응하는가를 보며, 사람됨을 일아볼 수 있지 않을까요? 때로 자신에게 과분한 칭찬을 들을 때 자칫 스스로 오만하게 행할 수도 있겠고, 주어진 칭찬에는 감사하되 자신의 부족함을 유념하고 더욱 자신을 돌아보며 정진할 수도 있겠지요. 나를 칭찬하는 사람만 가까이하는지, 아니면 때로 내게 드러내놓고 꾸짖는 사람의 말에도 귀 기울이는지까지 알아볼 수 있습니다. 그렇지만 기본적으로 이 말씀은 이렇게 칭찬으로 다른 사람을 달아보라는 의미보다는 나 자신이 칭찬에 어떻게 반응하는가를 돌아보라는 의미로 듣는 것이 좋겠습니다.

{ 제28장 }

율법이 주는 유익

1 악인은 뒤쫓는 사람이 없어도 달아나지만, 의인은 사자처럼 담대하다. 2 나라에 반역이 일면, 통치자가 자주 바뀌지만, 슬기와 지식이 있는 사람이 다스리면, 그 나라가 오래간다. 3 가난한 사람을 억압하는 가난한 사람은 먹거리를 남김없이 쓸어버리는 폭우와 같다. 4 율법을 버린 사람은 악인을 찬양하지만, 율법을 지키는 사람은 악인에게 대항한다. 5 악한 사람은 공의를 깨닫지 못하나, 주님을 찾는 사람은 모든 것을 깨닫는다. 6 부유하나 구부러진 길을 가는 사람보다는 가난해도 흠 없이 사는 사람이 낫다. 7 슬기로운 아들은 율법을 지키지만, 먹기를 탐하는 사람들과 어울리는 아들은 아버지에게 욕을 돌린다. 8 높은 이자로 재산을 늘리는 것은, 마침내, 가난한 사람들에게 은혜로 베풀어질 재산을 쌓아두는 것이다. 9 귀를 돌리고 율법을 듣지 않으면, 그의 기도마저도 역겹게 된다. 10 정직한 사람을 나쁜 길로 유인하는 사람은 자기가 판 함정에 빠지지만, 흠 없이 사는 사람

율법의 그 많은 요구를 다 채워야 기도를 들으신다니(9절), 포기하는 게 낫겠습니다. 가령 4절을 보면, 율법을 버린 이는 악인을 찬양하고 율법을 지킨 이는 악인에게 대항한다고 되어 있습니다. 그래서 잠언이 이야기하는 율법은 가난한 자를 긍휼히 여기고 함께 나누며 살아가는 삶, 불의에 맞서는 삶을 말합니다. 이러한 삶을 살지는 않으면서 그저 나의 소원만을 아뢰는 기도를 하나님께서 들으신다면, 그 하나님은 우리의 욕망과 탐욕을 충족시키는 존재에 불과하겠지요. 그래서 이 구절은 "주님께서는 정의와 공평을 지키며 사는 것을 제사를 드리는 일보다 더 반기신다"(21:3)는 말씀과도 통합니다.

은 복을 받는다. 11 부자가 자기 보기에는 지혜롭지만, 가난하나 슬기로운 사람은 그 사람의 속을 꿰뚫어 본다. 12 정직한 사람이 이기면 많은 사람이 축하하지만, 악인이 일어나면 사람들이 숨는다. 13 자기의 죄를 숨기는 사람은 잘되지 못하지만, 죄를 자백하고 그것을 끊어버리는 사람은 불쌍히 여김을 받는다. 14 늘 두려워하는 마음으로 사는 사람은 복을 받지만, 마음이 완고한 사람은 재앙에 빠진다. 15 가난한 백성을 억누르는 악한 통치자는, 울부짖는 사자요, 굶주린 곰이다. 16 슬기가 모자라는 통치자는 억압만을 일삼지만, 부정한 이득을 미워하는 통치자는 오래도록 살 것이다. 17 사람을 죽인 사람은 함정으로 달려가는 것이니, 아무도 그를 막지 말아야 한다. 18 흠 없이 사는 사람은 구원을 받을 것이지만, 그릇된 길을 따라가는 사람은 언젠가는 한 번 넘어지고야 만다. 19 밭을 가는 사람은 먹을 것이 넉넉하지만, 헛된 것을 꿈꾸는 사람은 찌들게 가난하다. 20 신실한 사람은 많은 복을 받지만, 속히 부자가 되려는 사람은 벌을 면하지 못한다. 21 사람의 얼굴을 보고 재판하는 것은 옳지 않다. 사람은 빵 한 조각 때문에 그런 죄를 지을 수도 있다. 22 죄악에 눈이 어두운 사람은 부자가 되는 데에만 바빠서, 언제 궁핍이 자기에

흠이 없는 사람만 구원을 받는(18절)면 구원받을 수 있는 이가 몇이나 될까요? 여기서 '흠 없이 사는 사람'은 '그릇된 길을 따라가는 사람'과 대응됩니다. 그래서 한 점 흠이 없다는 의미가 아니라, 그릇된 길을 가다가도 그 길이 잘못된 줄 알면 언제든 돌이킨다는 의미라고 봐야 합니다. "난 이미 틀렸어" 하면서 가던 길을 계속 가는 것이 아니라, 언제라도 잘못이구나 싶고 틀렸다 싶으면 늦었다 하지 말고 그 길에서 돌이켜야 합니다. 그럴 때, 하나님은 그렇게 돌이킨 이를 향해 "흠이 없다" 선언하실 것입니다. 구원받을 이는 많지 않습니다. 전부 지키기 힘들어서가 아니라, 언제라도 틀린 것을 알았을 때 돌이키는 이가 적기 때문입니다.

게 들이닥칠지를 알지 못한다. 23 아첨하는 사람보다는 바르게 꾸짖는 사람이, 나중에 고맙다는 말을 듣는다. 24 자기 부모의 것을 빼앗고도 그것이 죄가 아니라고 하는 사람은 살인자와 한패이다. 25 욕심이 많은 사람은 다툼을 일으키지만, 주님을 의뢰하는 사람은 풍성함을 누린다. 26 자기의 생각만을 신뢰하는 사람은 미련한 사람이지만, 지혜롭게 사는 사람은 구원을 받는다. 27 가난한 사람을 도와주는 사람은 모자라는 것이 없지만, 그를 못 본 체하는 사람은 많은 저주를 받는다. 28 악인이 일어나면 사람들은 숨어버리지만, 그가 망하면 의인이 많이 나타난다.

{ 제29장 }

상식

1 책망을 자주 받으면서도 고집만 부리는 사람은, 갑자기 무너져서 회복하지 못한다. 2 의인이 많으면 백성이 기뻐하지만, 악인이 권세를 잡으면 백성이 탄식한다. 3 지혜를 사랑하는 아

"지혜로운 사람이 어리석은 사람을 걸어서 소송하면, 어리석은 사람이 폭언과 야유로 맞서므로, 지혜로운 사람은 안심할 수 없다"(9절). 이 말씀은 어리석은 이들을 상대하기엔 지혜로도 힘에 부치므로 아에 외면하라는 뜻인가요? 26장 4~5절에 이와 비슷한 취지의 말씀이 있었습니다. 어리석은 자와 시비가 붙으면, 상식과 합리가 통하지 않으니 제대로 잘 해결되기 어렵다는 의미입니다. 우리도 주변에서 종종 겪는 일입니다. 이러한 경우 시비를 가릴 상황을 피하는 것이 필요하고, 일단 그런 상황이 발생하면 쉽게 해결되지는 않을 것이라는 점, 때로 모욕을 당할 수도 있다는 점을 명심하고 대응하는 것이 필요합니다. 이를 경계하라는 의미라고 볼 수 있습니다.

들은 아버지를 기쁘게 하지만, 창녀에게 드나드는 아들은 재산을 탕진한다. 4 공의로 다스리는 왕은 나라를 튼튼하게 하지만, 뇌물을 좋아하는 왕은 나라를 망하게 한다. 5 이웃에게 아첨하는 사람은 그의 발 앞에 그물을 치는 사람이다. 6 악인이 범죄하는 것은 그 자신에게 올무를 씌우는 것이지만, 의인은 노래하며 즐거워한다. 7 의인은 가난한 사람의 사정을 잘 알지만, 악인은 가난한 사람의 사정쯤은 못 본 체한다. 8 거만한 사람은 성읍을 시끄럽게 하지만, 지혜로운 사람은 분노를 가라앉힌다. 9 지혜로운 사람이 어리석은 사람을 걸어서 소송하면, 어리석은 사람이 폭언과 야유로 맞서므로, 지혜로운 사람은 안심할 수 없다. 10 남을 피 흘리게 하기를 좋아하는 사람은 흠 없는 사람을 미워하지만, 정직한 사람은 흠 없는 사람의 생명을 보살펴준다. 11 미련한 사람은 화를 있는 대로 다 내지만, 지혜로운 사람은 화가 나도 참는다. 12 통치자가 거짓말에 귀를 기울이면, 그 신하들이 모두 악해진다. 13 가난한 사람과

이런 분이 어떻게 정의로운 하나님이 되실 수 있습니까?(13절) 당연히 착취하는 이를 벌주고 가난한 이를 도와주셔야 하는 게 아닌가요? 하나님께서 악인을 심판하신다는 말씀은 이미 잠언에 여럿 있습니다(예, 11:21; 15:29; 19:29). 이 구절은 심판하지 않는다는 뜻이 아니라, 사람이 사는 데 필요한 기본적인 생존 조건은 누구에게든 보장되어야 한다는 것을 밀합니다. 이 구절에서 '햇빛'은 사람이 살아가는 데 가장 필수적인 요소를 상징합니다. 우리 생각에는 악인에게 이 같은 햇빛을 주지 않으면서 당장 악을 고치라고 하면 다 들을 것 같지만, 그렇게 먹고사는 문제, 가장 기본적인 생존 문제 때문에 하나님을 믿게 되는 것은 올바르지 않다고 이 구절은 이야기합니다. 조금만 생각해보면, 사람의 기본적인 생존을 틀어쥐고 협상을 하는 것은 매우 비인간적이고 비인도적인 처사임을 깨달을 수 있습니다. 예수님께서도 이 구절을 인용하시면서 의인과 악인에게 고루 햇빛을 주시는 하나님을 온전하신 하나님이라 부르셨습니다(마 5:45-48).

착취하는 사람이 다 함께 살고 있으나, 주님은 이들 두 사람에게 똑같이 햇빛을 주신다. 14 왕이 가난한 사람을 정직하게 재판하면, 그의 왕위는 길이길이 견고할 것이다. 15 매와 꾸지람은 지혜를 얻게 만들어주지만, 내버려둔 자식은 그 어머니를 욕되게 한다. 16 악인이 많아지면 범죄가 늘어나지만, 의인은 그들이 망하는 것을 보게 된다. 17 너의 자식을 훈계하여라. 그러면 그가 너를 평안하게 하고, 너의 마음에 기쁨을 안겨줄 것이다. 18 계시가 없으면 백성은 방자해지나, 율법을 지키는 사람은 복을 받는다. 19 말만으로는 종을 제대로 가르칠 수 없으니 다 알아들으면서도 따르지 않기 때문이다. 20 너도 말이 앞서는 사람을 보았겠지만, 그런 사람보다는 오히려 미련한 사람에게 더 바랄 것이 있다. 21 어릴 때부터 종의 응석을 받아주면, 나중에는 다루기 어렵게 된다. 22 화를 잘 내는 사람은 다툼을 일으키고, 성내기를 잘하는 사람은 죄를 많이 짓는다. 23 사람이 오만하면 낮아질 것이고, 마음이 겸손하면 영예를 얻을 것이다. 24 도둑과 짝하는 사람은 자기의 목숨을 하찮게 여기는 사람이다. 그러므로 자기를 저주하는 소리를 들어도

계시란 무엇입니까? 계시가 없는 민족은 어째서 방자해집니까?(18절) 이 구절에서 계시와 율법이 서로 대응되었습니다. 계시 혹은 율법은 하나님께서 주신 말씀, 하나님의 가르침입니다. 우리 사는 세상은 나의 기준과 너의 기준이 달라서, 또 나의 이익과 너의 이익이 엉켜서 다툼과 분쟁이 생깁니다. 그럴 때마다 나와 너의 이익 너머의 어떤 기준과 원칙이 필요합니다. 하나님의 말씀, 하나님의 율법과 계시가 그러한 기준입니다. 이렇게 율법을 간직할 때, 그 율법을 따라 올바르게 살아가는 삶이 출발합니다. 그런데 이러한 율법이 없다면 사람들은 자신에게 유리한 대로, 자신의 이익이 충족되는 방향으로 움직이겠지요. 그 결과는 반드시 힘센 사람의 승리, 더 많이 가진 사람의 승리일 것입니다. 그것이 이 구절이 말하는 '방자함', 제멋대로 함입니다.

아무런 반박을 하지 못한다. 25 사람을 두려워하면 올무에 걸리지만, 주님을 의지하면 안전하다. 26 많은 사람이 통치자의 환심을 사려고 하지만, 사람의 일을 판결하시는 분은 주님이시다. 27 의인은 불의한 사람을 싫어하고, 악인은 정직한 사람을 싫어한다.

{ 제30장 }

아굴의 잠언

1 이것은 야게의 아들 아굴이 말한 잠언이다. 이 사람이 이디엘에게 말하고, 또 이디엘과 우갈에게 말하였다. 2 참으로 나는, 사람이라기보다는 우둔한 짐승이며, 나에게는 사람의 총명이 없다. 3 나는 지혜를 배우지도 못하였고, 지극히 거룩하신 분을 아는 지식도 깨우치지 못하였다. 4 하늘에 올라갔다가 내려온 사람이 누구며, 바람을 자기 손에 움켜쥐고 있는 사람이 누구냐? 물을 그 옷자락으로 싸고 있는 사람이 누구

아굴은 어떤 인물입니까? 아굴뿐만 아니라 이 단락에 나오는 이디엘도 우갈도 우리는 누구인지 전혀 알 수 없습니다. 아굴에 대한 정보는 그가 '야게의 아들'이라는 것이 전부입니다. 어쩌면 잠언이 생겨나던 고대 시절에는 잘 알려진 인물일 수도 있습니다. 성경에 이름이 나오는 여러 인물들이 있지만, 그들에 대한 정보는 미미한 경우가 허다합니다. 이 본문은 이와 같은 인물의 말을 통해 무엇을 안다 하는 것이 얼마나 오만한 태도인지를 돌아보게 합니다. 오늘날에도 마치 무언가를 전부 아는 것처럼, 자신의 경험과 지식을 끄집어내는 이들을 종종 보게 됩니다. 이 단락의 말씀은 자신의 무지를 늘 인정하면서 겸손히 하나님의 말씀에 귀 기울일 것을 권합니다.

며 땅의 모든 경계선을 그은 사람이 누구인가? 그 사람의 이름은 무엇인지, 그의 아들의 이름은 무엇인지, 정말 네가 아느냐? 5 하나님의 말씀은 모두 순결하며, 그분은 그를 의지하는 사람의 방패가 되신다. 6 그 말씀에 아무것도 더하지 말아라. 그렇지 않으면 그분이 너를 책망하시고, 너는 거짓말을 하는 사람이 될 것이다.

헌신의 잠언

7 주님께 두 가지 간청을 드리니, 제가 죽기 전에 그것을 이루어주십시오. 8 허위와 거짓말을 저에게서 멀리하여주시고, 저를 가난하게도 부유하게도 하지 마시고, 오직 저에게 필요한 양식만을 주십시오. 9 제가 배가 불러서, 주님을 부인하면서 '주가 누구냐'고 말하지 않게 하시고, 제가 가난해서, 도둑질을 하거나 하나님의 이름을 욕되게 하거나, 하지 않도록 하여주십시오. 10 주인에게 그 종을 비방하는 말을 하지 말아라. 그 종이 너를 저주하고 너에게 죄가 돌아갈까 두렵다. 11 아버지를 저주하며 어머니를 축복하지 않는 무리가 있다. 12 더러운

부유하면 하나님을 더 잘 섬기고 가난한 이를 더 잘 도울 수 있을 텐데, 8절처럼 딱 자기에게 필요한 양식만 구하는 건 너무 이기적이지 않은가요? '부유함'으로 상징되는 '내가 잘나가는 시기'에 우리는 너무 쉽게 하나님을 잊고, 주변의 약한 이웃을 잊고, 마치 내 능력으로 이 모든 것을 이루어낸 양 굴었던 적이 많습니다. '가난함'으로 상징되는 참 힘겹고 괴롭던 시절에는 너무 버거워서 옳고 바른 생각 자체를 하지 못한 채 모든 정의나 진리까지도 '배부른 소리'라며 무시했던 적도 많습니다. 이 구절의 기도는 이기적이라기보다는 인간의 연약함과 한계를 솔직히 고백하는 기도입니다. 중요한 건 하나님을 부인하고 이웃을 모른 체하며 살지 않는 삶입니다.

것을 씻지도 않고 깨끗한 체하는 무리가 있다. 13 눈이 심히 높아서, 눈꺼풀을 치켜올리고 남을 깔보는 무리가 있다. 14 이빨이 긴 칼과 같고 턱이 큰 칼과 같아서, 가난한 사람을 하나도 땅에 남기지 않고 삼키며 궁핍한 사람을 삼켜 씨를 말리는 무리도 있다. 15 거머리에게는 '달라, 달라' 하며 보채는 딸이 둘이 있다. 전혀 배부른 줄 모르는 것이 셋, 만족할 줄 모르는 것 넷이 있으니, 16 곧 스올과 아기 못 낳는 태와 물로 갈증을 없앨 수 없는 땅과 만족하다고 말할 줄 모르는 불이다. 17 아버지를 조롱하며 어머니를 멸시하여, 순종하지 않는 사람의 눈은, 골짜기의 까마귀에게 쪼이고 새끼 독수리에게 먹힐 것이다. 18 기이한 일이 셋, 내가 정말 이해할 수 없는 일이 넷이 있으니, 19 곧 독수리가 하늘을 날아간 자취와, 뱀이 바위 위로 지나간 자취와, 바다 위로 배가 지나간 자취와, 남자가 여자와 함께하였던 자취이다. 20 간음한 여자의 자취도 그러하니, 먹고도 안 먹었다고 입을 씻듯이 "나는 아무런 악행도 한 일이 없다" 한다. 21 세상을 뒤흔들 만한 일이 셋, 세상이 감당하지 못할 일이 넷이 있으니, 22 곧 종이 임금이 되는 것과, 어리석은 자가 배불리 먹는 것과, 23 꺼림을 받는 여자가 시집을 가

15절부터는 "셋 … 넷이 있으니…" 이런 글들이 이어집니다. 말이 되는 것 같기도 하고, 안 되는 것 같기도 하고 애매합니다. 무슨 의미를 담고 있는 건가요? 이렇게 숫자로 묶어 두었다 해서 이 부분을 '숫자 격언'이라 부릅니다. 15절부터 이런 내용이 이어지지만, 사실 11~14절에도 네 가지 악한 무리에 대한 언급이 있기도 합니다. 이렇게 세 가지 또는 네 가지로 묶어 표현하는 방식의 목적이 무엇인지 정확하게 단정할 수는 없습니다. 아마도 말하고자 하는 바를 재미있게 전달하고 간결하게 표현해 배우기 쉽도록 했을 것이라 짐작됩니다. 이렇게 묶여 있으니, 이것을 읽는 이들은 이렇게 한데 묶어놓은 원리가 무엇인지, 각각이 어떻게 서로 연결되는지 더 궁리해보게 될 것입니다.

는 것과, 여종이 그 안주인의 자리를 이어받는 것이다. 24 땅에서 아주 작으면서도 가장 지혜로운 것이 넷이 있으니, 25 곧 힘이 없는 종류이지만 먹을 것을 여름에 예비하는 개미와, 26 약한 종류이지만 바위틈에 자기 집을 짓는 오소리와, 27 임금은 없으나 떼를 지어 함께 나아가는 메뚜기와, 28 사람의 손에 잡힐 것 같은데도 왕궁을 드나드는 도마뱀이다. 29 늠름하게 걸어 다니는 것이 셋, 위풍당당하게 걸어 다니는 것 넷이 있으니, 30 곧 짐승 가운데서 가장 강하여, 아무 짐승 앞에서도 물러서지 않는 사자와, 31 자랑스럽게 걷는 사냥개와, 숫염소와, 아무도 맞설 수 없는 임금이다. 32 네가 어리석어서 우쭐댔거나 악한 일을 도모하였거든, 너의 손으로 입을 막고 반성하여보아라. 33 우유를 저으면 굳은 우유가 되고, 코를 비틀면 피가 나오듯, 화를 돋우면 분쟁이 일어난다.

{ 제31장 }

왕에게 주는 충고

1 르무엘 왕의 잠언, 곧 그의 어머니가 그에게 교훈한 말씀이다. 2 내 아들아, 내가 무엇을 말할까? 내 태에서 나온 아들아, 내가 무엇을 말할까? 서원을 하고 얻은 아들아, 내가 무엇을 말할까? 3 여자에게 너의 힘을 쓰지 말아라. 여자는 임금도 망하게 할 수 있으니, 여자에게 너의 길을 맡기지 말아라. 4 르무엘아, 임금에게 적합하지 않은 일이 있다. 포도주를 마시는 것은 임금에게 적합한 일이 아니다. 독주를 좋아하는 것은 통치자들에게 적합한 일이 아니다. 5 술을 마시면 법을 잊어버리고, 억눌린 사람들에게 판결을 불리하게 내릴까 두렵다. 6 독한 술은 죽을 사람에게 주고, 포도주는 마음이 아픈 사람에게 주어라. 7 그가 그것을 마시고 자기의 가난을 잊을 것이고, 자기의 고통을 더 이상 기억하지 않을 것이다. 8 너는 벙어리처럼 할 말을 못 하는 사람과 더불어, 고통 속에 있는 사람들의 송사를 변호하여 입을 열어라. 9 너는 공의로운 재판을 하고, 입을 열

르무엘은 어떤 인물입니까? 안타깝게도 르무엘 역시 어떤 인물인지 전혀 알려져 있지 않습니다. 이와 같은 이름은 이곳 말고는 구약성경이나 다른 고대 문헌에 전혀 언급되지 않기 때문입니다. 분명한 것은 그가 왕이라는 점입니다. 그래서 1~9절은 르무엘의 정체보다는 왕의 어머니가 왕인 아들에게 어떤 권면을 하는지에 주의해서 읽는 것이 중요합니다. 어미로서 아들에게 당부하고자 하는 내용들은 어찌 보면 매우 평범하지만 중요한 원칙들로 가득합니다. 왕의 어머니는 여자와 술에 대한 경계, 고통 속에 있는 사람들에 대한 보살핌, 공의로운 재판, 억눌리고 궁핍한 사람들에 대한 인식 등을 강조하고 있습니다.

어, 억눌린 사람과 궁핍한 사람들의 판결을 바로 하여라.

유능한 아내

10 누가 유능한 아내를 맞겠느냐? 그 값은 진주보다 더 뛰어
나다. 11 남편은 진심으로 아내를 믿으며 가난을 모르고 산다.
12 그의 아내는 살아 있는 동안, 오직 선행으로 남편을 도우
며, 해를 입히는 일이 없다. 13 양털과 삼을 구해다가, 부지런
히 손을 놀려 일하기를 즐거워한다. 14 또한 상인의 배와 같
이, 먼 곳에서 먹거리를 구하여오기도 한다. 15 날이 밝기도
전에 일어나서 식구들에게는 음식을 만들어주고, 여종들에게
는 일을 정하여 맡긴다. 16 밭을 살 때에는 잘 살펴본 다음에
사들이고, 또 자기가 직접 번 돈으로 포도원도 사서 가꾼다.
17 허리를 단단히 동여매고, 억센 팔로 일을 한다. 18 사업이
잘되어가는 것을 알고, 밤에도 등불을 끄지 않는다. 19 한 손
으로는 물레질을 하고, 다른 손으로는 실을 탄다. 20 한 손은
펴서 가난한 사람을 돕고, 다른 손은 펴서 궁핍한 사람을 돕는
다. 21 온 식구를 홍색 옷으로 따스하게 입히니, 눈이 와도 식

서원하고 얻은 아들(2절)이란 무슨 뜻입니까? 아마도 이 어머니는 오랫동안 자녀가
없었을 것이며, "하나님께서 자녀를 주신다면, 그 아이는 하나님의 뜻을 위해 살도
록 바치겠습니다"와 같은 서원을 했을 것입니다. 마침내 자녀를 얻게 되었고, 그 아
들을 두고 '하나님께 서원을 하고 얻은 아들'이라 표현합니다. 단지 내 아들, 내 새
끼로 여기는 것이 아니라 하나님의 일꾼, 하나님께 드려진 존재로 여기겠다는 다짐
이 이 서원 안에 담겨 있습니다. 오늘날에도 자녀를 부모의 소유로 여길 것이 아니
라, 하나님의 백성으로, 그래서 옳고 바른 일을 행하며 살아가도록 부모에게 주어지
고 맡겨진 존재임을 생각하는 태도가 필요합니다.

구들 때문에 걱정하는 일이 없다. 22 손수 자기의 이부자리를 만들고, 고운 모시옷과 자주색 옷을 지어 입는다. 23 남편은 마을 원로들과 함께 마을회관을 드나들며, 사람들의 존경을 받는다. 24 그의 아내는 모시로 옷을 지어 팔고, 띠를 만들어 상인에게 넘긴다. 25 자신감과 위엄이 몸에 배어 있고, 미래에 대한 두려움이 없다. 26 입만 열면 지혜가 저절로 나오고, 혀만 움직이면 상냥한 교훈이 쏟아져 나온다. 27 집안일을 두루 살펴보고, 일하지 않고 얻은 양식은 먹는 법이 없다. 28 자식들도 모두 일어나서, 어머니 업적을 찬양하고 남편도 아내를 칭찬하여 이르기를 29 "덕을 끼치는 여자들은 많이 있으나, 당신이 모든 여자 가운데 으뜸이오" 한다. 30 고운 것도 거짓되고, 아름다운 것도 헛되지만, 주님을 경외하는 여자는 칭찬을 받는다. 31 아내가 손수 거둔 결실은 아내에게 돌려라. 아내가 이룬 공로가 성문 어귀 광장에서 인정받게 하여라.

세상에 이런 아내가 어디 있습니까? 아내에게 온갖 짐을 다 지라고 요구하는 건 불공평합니다. 이것이 성경이 가르치는 여성관, 또는 부부관계입니까? 이런 아내는 없습니다! 10–31절에 등장하는 '유능한 아내'는 현실의 여성을 가리키는 것이 아니라 8–9장에서처럼 '지혜'를 여성으로 의인화해 표현한 것입니다. 그래서 10–31절은 지혜가 행하는 매우 다양한 삶의 영역을 모두 다룹니다. 지혜는 단순히 머리 좋음이나 똑똑함이 아니라, 물레질(19절), 농사(16절), 다른 사람을 돌아봄(21절), 가난한 이웃을 돌아봄(20절)과 같은 다양한 모습으로 나타납니다. 지혜를 소유한 사람은 존경받고(23, 31절), 미래에 대한 두려움이 없습니다(25절). 그래서 아름다운 것이나 고운 것보다 훨씬 가치 있는 것은 잠언이 줄기차게 다루었듯이 '지혜로운 삶'이며, 지혜의 근본은 여호와를 경외하는 것입니다(30절).

전도서

Ecclesiastes

세상과 인생을
이해하려면
노력하고
겸손하라

전도서는 우리에게 주어진 삶을 즐기며 살 것을 여러 번 촉구합니다.
삶의 즐거움을 누리는 것은 체념이나 포기에서 나오는 것이 아니라,
인간의 한계에 대한 인정에서 비롯됩니다.
너무 큰 것을 바라보고 너무 먼 목표를 바라보느라 잠시도 쉬지 못하고
스스로와 가족을 몰아가기 쉬운 우리네 모습을 돌아보게 합니다.
지금 주어진 상황 속에서 사랑하고 즐거워하며 사는 삶은
그 자체로 참 아름다운 것입니다.

이 책의 제목은 '전도서'이고 1장 1절에서 내용을 풀어가는 이가 스스로를 '전도자'라고 부르지만, 히브리어로는 제목이나 1장 1절의 주인공이나 모두 같은 단어입니다. 이 같은 한글 표현은 히브리어 제목을 한자어로 옮기면서 생겨난 것이고, 회중 가운데서 깨달은 것을 나누는 '설교자' 같은 이로 이해할 수 있습니다. 1장 1절에 따르면 전도자는 스스로를 '다윗의 아들 예루살렘 왕'이라고 표현합니다. 이러한 제목은 독자와 청중으로 하여금 전도자를 솔로몬 임금이라 여기도록 합니다.

만약 오늘날 이순신 장군에 대한 영화를 만든다면, 주인공은 조선시대 중엽을 살았던 이순신이지만, 이순신의 일대기를 다루는 관점이나 시각은 오늘날의 시각이요 관점일 것입니다. 영화 속 배경은 조선이지만, 이러한 영화를 만드는 배경은 오늘날 현대의 시각일 것입니다.

마찬가지로 전도서 역시 책의 내용은 다윗의 아들 솔로몬을 떠올리게 하지만, 그렇다고 이 책이 솔로몬 시대에 쓰여 지금까지 내려온다고 생각할 필요는 없습니다. 이렇게 보는 것은 구약성경이나 신약성경에 실린 다른 책에도 적용할 수 있습니다. 영화 속 내용의 시대적 배경과 그 영화를 만드는 제작자의 시대적 배경은 같지 않습니다. 영화에 반영된 관심사를 통해 그 영화를 만든 우리 시대의 배경을 짐작할 수 있듯이, 전도서를 보면서 전도서와 같은 책이 생겨나게 된 시대적 배경을 짐작할 수 있습니다.

헛되다와 즐겨라 사이

전도서에서는 왕이 가진 절대 권력에 대한 암시도 있고, 재물을 많이 모을 수 있으며 삶을 즐길 수 있다거나, 가난한 자를 억압하는 가혹한 통치 같은 내용이 담겨 있다는 점에서, 많은 학자들은 전도서와 같은 책이 형성된 때가 헬레니즘 시기인 주전 4세기 후반에서 3세기라고 여깁니다. 우리가 알아차리기는 어렵지만, 무엇보다도 전도서에 쓰인 어휘나 문체가 이스라엘 나라가 멸망하고 바벨론에 포로로 끌려갔다가 돌아온 후의 시기를 반영한다고 합니다. 그러나 어느 시대가 되었건, 전도서의 배경은 절대 권력을 지닌 왕, 많은 재물을 모은 사람들의 존재, 그와 더불어 가난한 사람의 힘겨운 삶이 있던 시대임을 생각하면서, 왜 이 같은 책을 저술했을지 상상하고 궁리해보는 것이 필요합니다.

전도서에서 가장 특징적이고 두드러진 표현이 있다면, 그것은 단연 '헛되다'일 것입니다. 첫머리 1장 2절부터 시작해 여러 번 이 단어가 쓰였고, 마지막 장인 12장 8절에까지 반복됩니다. 이와 비슷한 말로, "바람을 잡는 것과 같다"는 표현도 여러 번 쓰입니다. 얼핏 '헛수고'를 가리키는 것도 같지만, 오히려 이 단어는 '부조리' 혹은 '모순'과 같은 의미로 이해하는 것이 낫다고 여겨집니다. 앞서 잠언을 읽으면서 지혜는 삶의 올바른 원칙을 발견하려는 노력이라고 보았는데, 전도서는 그처럼 올

'헛수고'라고 하면 할 필요가 없는 노력이라는 의미가 생기겠지만, '부조리'나 '모순'이라고 생각하면 인간이 깨닫고 발견할 수 있는 것의 한계에 대한 지적이라고 볼 수 있습니다. 그래서 전도서와 같은 책은 인간의 이성과 지성에 대한 자신감과 확신이 가득 찬 이 시대에 우리가 안다 하는 것들의 한계를 지적하며 겸손해지게 만듭니다.

바른 원칙을 찾으려고 노력을 기울였지만 아무리 해도 현실을 완전히 다 파악할 수는 없더라는 경험에서 나온 깨달음을 전합니다. '헛수고'라고 하면 할 필요가 없는 노력이라는 의미가 생기겠지만, '부조리'나 '모순'이라고 생각하면 인간이 깨닫고 발견할 수 있는 것의 한계에 대한 지적이라고 볼 수 있습니다. 그래서 전도서와 같은 책은 인간의 이성과 지성에 대한 자신감과 확신이 가득 찬 이 시대에 우리가 안다 하는 것들의 한계를 지적하며 겸손해지게 만듭니다.

그리고 이러한 맥락에서 전도서는 우리에게 주어진 삶을 즐기며 살 것을 여러 번 촉구하기도 합니다. 삶의 즐거움을 누리는 것은 체념이나 포기에서 나오는 것이 아니라, 인간의 한계에 대한 인정에서 비롯됩니다. 너무 큰 것을 바라보고 너무 먼 목표를 바라보느라 잠시도 쉬지 못하고 스스로와 가족을 몰아가기 쉬운 우리네 모습을 돌아보게 합니다. 지금 주어진 상황 속에서 사랑하고 즐거워하며 사는 삶은 그 자체로 참 아름다운 것입니다.

전부를 알 수 없는 존재

그렇다고 전도서가 우리 사는 세상을 이해하려는 노력 자체를 가볍게 여기게 하는 책은 아닙니다. 오히려 전도자는 끊임없이 애씁니다. 이 책에 반복되어 쓰인 '지혜를 쓰다', '연구하다', '살피다', '알려고 애쓰다', '유심히 살펴보다' 같은 표현은 전도자가 기울인 노력을 반영합니다. 전도서에는 "하나님께서 깨닫게 하셨다" 같은 표현은 전혀 나오지 않습니다. 무엇을 알기 어려울 경우 더 노력하지 않고 하나님께서 주시는 직접적인 가르침을 구하거나 모르겠다며 손쉽게 포기하는 우리 모습을 떠올려보면, 전도서는 우리네 안에 있는 반지성주의에 경종을 울리는 책이기도 합니다.

그러므로 전도서는 마음을 다해 우리 사는 세상을 이해하려는 노력을 격려하면서, 동시에 우리의 한계를 늘 기억하며 겸손할 것을 함께 깨우쳐줍니다. 특히 하나님께서 행하시는 일의

전부를 알 수 없는 것이 사람임을 환기시키면서, 결론에서는
하나님을 경외할 것을 권면합니다(12:13-14).

{ 제1장 }

세상만사 헛되다

1 다윗의 아들 예루살렘 왕 전도자의 말이다. 2 전도자가 말한다. 헛되고 헛되다. 헛되고 헛되다. 모든 것이 헛되다. 3 사람이 세상에서 아무리 수고한들, 무슨 보람이 있는가? 4 한 세대가 가고, 또 한 세대가 오지만, 세상은 언제나 그대로다. 5 해는 여전히 뜨고, 또 여전히 져서, 제자리로 돌아가며, 거기에서 다시 떠오른다. 6 바람은 남쪽으로 불다가 북쪽으로 돌이키며, 이리 돌고 저리 돌다가 불던 곳으로 돌아간다. 7 모든 강물이 바다로 흘러가도, 바다는 넘치지 않는다. 강물은 나온 곳으로 되돌아가, 거기에서 다시 흘러내린다. 8 만물이 다 지쳐 있음을 사람이 말로 다 나타낼 수 없다. 눈은 보아도 만족하지 않으며 귀는 들어도 차지 않는다. 9 이미 있던 것이 훗날에 다시 있을 것이며, 이미 일어났던 일이 훗날에 다시 일어날 것이다. 이 세상에 새것이란 없다. 10 '보아라, 이것이 바로 새것이다' 하고 말할 수 있는 것이 있는가? 그것은 이

전도자란 무슨 뜻입니까? 어째서 글쓴이는 임금이면서도 스스로를 전도자라고 부릅니까? 전도자는 깨달음을 나누며 가르치는 사람을 뜻하고, 오늘날로 보자면 '설교자' 같은 말로 이해할 수 있습니다. 오늘의 설교자 역시 성경을 기반으로 깨달음을 나누는 자이며, 전도자 역시 하나님에 대한 믿음으로 세상을 살면서 깨달은 것을 나누는 이입니다. 임금을 굳이 언급한 까닭은 다윗의 아들인 임금이 솔로몬이고, 이 솔로몬이야말로 '지혜'와 '부귀'의 대명사이기 때문일 것이라 짐작됩니다. 임금으로서 세상의 많은 부귀영화를 누려보았고, 거기에 지혜롭기로 유명한 인물이니, 솔로몬이야말로 세상살이에 대한 이런저런 가르침을 나누기에 적합한 인물이었을 것입니다.

미 오래전부터 있던 것, 우리보다 앞서 있던 것이다. 11 지나
간 세대는 잊혀지고, 앞으로 올 세대도 그다음 세대가 기억해
주지 않을 것이다.

지혜도 헛되다

12 ○ 나 전도자는 예루살렘에서 왕이 되어 이스라엘을 다스
리는 동안에, 13 하늘 아래에서 되어지는 온갖 일을 살펴서 알
아내려고 지혜를 짜며 심혈을 기울였다. 괴로웠다. 하나님은
왜 사람을 이런 수고로운 일에다 얽어매어 꼼짝도 못 하게 하
시는 것인가? 14 세상에서 벌어지는 온갖 일을 보니 그 모두가
헛되어 바람을 잡으려는 것과 같다. 15 구부러진 것은 곧게 할
수 없고, 없는 것은 셀 수 없다.

16 ○ 나는 장담하였다. "나는 지혜를 많이 쌓았다. 이전에 예
루살렘에서 다스리던 어느 누구도, 지혜에 있어서는 나를 뛰
어넘지 못할 것이다. 지혜와 지식을 쌓는 일에서, 나보다 더
많은 경험을 한 사람은 없다." 17 나는 또 무엇이 슬기롭고 똑
똑한 것인지, 무엇이 얼빠지고 어리석은 것인지를 구별하려고

글쓴이는 자신이 지혜와 지식에서 최고의 경험자라고 말합니다. 글쓴이가 이렇게 자
부하는 근거는 무엇입니까? 전도서는 이 내용을 풀어가는 주인공으로 솔로몬을 설정
합니다. 독자와 청중은 솔로몬을 떠올릴 때 16절과 같은 자신의 지혜에 대한 자부심이
타당하다고 동의할 수 있을 것입니다. 상상을 해보자면, 어떤 지혜로운 선생이 제자들
을 모아놓고 솔로몬의 입장으로 그가 지금까지 인생의 추구에서 얻은 깨달음을 나누
는 광경을 떠올리면 좋습니다. 가장 지혜로운 왕이라고 칭송을 받았던 이가 그동안의
경험과 거기서 얻은 결론을 풀어내는 자리라고 상상한다면 그렇게 말하는 것이 자연
스럽게 보입니다. 그가 내린 결론이 무엇인지 따라가 보면 더 흥미로울 것입니다.

심혈을 기울였다. 그러나 그처럼 알려고 하는 그것 또한 바람을 잡으려는 것과 같은 일임을 알게 되었다. 18 지혜가 많으면 번뇌도 많고, 아는 것이 많으면 걱정도 많더라.

{ 제2장 }

즐거움도 헛되다

1 나는 혼자서 이런 생각도 해보았다. "내가 시험 삼아 너를 즐겁게 할 것이니, 너는 네 마음껏 즐겨라." 그러나 이것도 헛된 일이다. 2 알고 보니 웃는 것은 '미친 것'이고, 즐거움은 '쓸데없는 것'이다.

3 ○ 지혜를 갈망해온 나는, 술로 내 육신을 즐겁게 하고, 낙을 누려보려고 마음먹은 적도 있다. 참으로 어리석게도, 이렇게 사는 것이 짧은 한평생을 가장 보람 있게 사는 것이라고 생각하였다. 4 나는 여러 가지 큰일을 성취하였다. 궁전도 지어보고, 여러 곳에 포도원도 만들어보았다. 5 나는 정원과 과수

전도자는 인생의 낙을 누리는 게 '미친 것'이고, '쓸데없는 것'이며, 어리석은 일이라고 말합니다(2절). 성경은 즐거움을 누리는 걸 잘못으로 치부합니까? 이 구절은 "웃어도 마음이 아플 때가 있고, 즐거워도 끝에 가서 슬플 때가 있다"(잠 14:13)는 잠언 구절과 연관 지어 생각해볼 수 있습니다. 즐거움이 잘못이라는 것이 아니라, 그렇게 즐거움을 추구하며 산다 해도 그 곁에 혹은 그 마지막에 따라오는 슬픔과 아픔도 있다는 점을 이야기한다 싶습니다. 우리 삶이라는 것이 그렇지 않은가요? 어쩌면 그런 슬픔과 아픔이 하나도 없는 웃음과 즐거움이야말로 '미친 것'이며 '쓸데없는 것'이지 않을까요?

원을 만들고, 거기에 온갖 과일나무도 심어보았다. 6 나무들이 자라나는 숲에 물을 대려고 여러 곳에 저수지도 만들어보았다. 7 남녀종들을 사들이기도 하고, 집에서 씨종들을 태어나게도 하였다. 나는 또한, 지금까지 예루살렘에 살던 어느 누구도 일찍이 그렇게 가져본 적이 없을 만큼 많은 소와 양 같은 가축 떼를 가져보았다. 8 은과 금, 임금들이 가지고 있던 여러 나라의 보물도 모아보았으며, 남녀 가수들도 거느려보았고, 남자들이 좋아하는 처첩도 많이 거느려보았다. 9 드디어 나는 일찍이 예루살렘에 살던 어느 누구보다도 더 큰 세력을 가진 사람이 되었다. 지혜가 늘 내 곁에서 나를 깨우쳐주었다. 10 원하던 것을 나는 다 얻었다. 누리고 싶은 낙은 무엇이든 삼가지 않았다. 나는 하는 일마다 다 자랑스러웠다. 이것은 내가 수고하여 얻은 나의 몫인 셈이었다. 11 그러나 내 손으로 성취한 모든 일과 이루려고 애쓴 나의 수고를 돌이켜보니, 참으로 세상 모든 것이 헛되고, 바람을 잡으려는 것과 같고, 아무런 보람도 없는 것이었다. 12 임금 자리를 이어받은 사람이 무엇을 할 수 있는가? 기껏해야 앞서 다스리던 왕이 이미 하던 일뿐이다.

잠언에서는 지혜를 잔뜩 추켜세우더니, 여기선 슬기로움이 헛되다고 합니다. 이런 입장 변화는 어디서 비롯된 것입니까? 전도서는 지혜를 추구하면 얻을 수 있고 지혜롭게 살고자 하면 그렇게 살 수 있다는 낙관적이며 긍정적인 사고방식에 대해 단단히 반대 소리를 냅니다. 그렇다고 지혜나 슬기가 아무 소용없다는 이야기는 아닐 것입니다. 전도서 안에도 잠언과 비슷한 내용이 곳곳에 있으니까요. 다만 전도서는 우리 스스로 무엇을 알아낼 수 있다는 낙관적 사고의 반대편을 제시하면서, 사람을 겸손하게 만듭니다. 나아기 헬레니즘과 같은 당대의 자신감 넘치는 사상에 대해, 전도서는 그 한계와 부질없음을 두드러지게 부각시킵니다. 이런 면을 생각해보면 전도서는 당대의 시대정신에 대한 비판이라고 볼 수 있습니다.

슬기도 어리석음도 다 헛되다

무엇이 슬기로운 일이며, 무엇이 얼빠지고 어리석은 일인지 알려고 애를 써보기도 하였다. 13 "빛이 어둠보다 낫듯이, 슬기로움이 어리석음보다 더 낫다"는 것, 14 "슬기로운 사람은 제 앞을 보지만, 어리석은 사람은 어둠 속에서 헤맨다"는 것, 이런 것은 벌써부터 알고 있다. 지혜 있는 사람에게나 어리석은 사람에게나 똑같은 운명이 똑같이 닥친다는 것도 알고 있다.

15 ○ 그래서 나는 스스로 물었다. "어리석은 사람이 겪을 운명을 나도 겪을 터인데, 무엇을 더 바라고, 왜 내가 지혜를 더 얻으려고 애썼는가?" 그리고 나 스스로 대답하였다. "지혜를 얻으려는 일도 헛되다." 16 사람이 지혜가 있다고 해서 오래 기억되는 것도 아니다. 지혜가 있다고 해도 어리석은 사람과 함께 사람들의 기억에서 영원히 사라져버린다. 슬기로운 사람도 죽고 어리석은 사람도 죽는다. 17 그러니 산다는 것이 다 덧없는 것이다. 인생살이에 얽힌 일들이 나에게는 괴로움일 뿐이다. 모든 것이 바람을 잡으려는 것처럼 헛될 뿐이다.

2장에서만 4번이나 반복해서 '세상에서'(22절)라는 표현을 사용합니다. 굳이 그렇게 말한 특별한 이유가 있습니까? 이 표현은 성경의 다른 번역본들(개역개정, 개역한글 등)에서 '해 아래에서'라고 번역되어 있고, 전도서의 대표적인 관용구처럼 알려져 있습니다. 새번역은 이를 '세상에서'라고 번역했고요. '해 아래에서'라는 말을 반복해서 사용한 것을 이해하기 위해서는 먼저 당시 사람들의 세계관을 이해할 필요가 있습니다. 고대의 세계관에서는 태양과 궁창 아래 존재하는 것이 사람과 짐승이고, 태양과 궁창 너머 그 위 세상은 하나님의 세상 혹은 신들의 세상입니다. 그래서 '해 아래'는 사람 사는 세상을 가리킵니다. 한계를 가진 사람, 무엇을 안다 해도 결코 그 전부를 알 수 없는 사람의 한계를 전도서는 '해 아래'라는 표현으로 이야기한 것입니다.

수고도 헛되다

18 ○ 세상에서 내가 수고하여 이루어놓은 모든 것을 내 뒤에 올 사람에게 물려줄 일을 생각하면, 억울하기 그지없다. 19 뒤에 올 그 사람이 슬기로운 사람일지, 어리석은 사람일지, 누가 안단 말인가? 그러면서도, 세상에서 내가 수고를 마다하지 않고 지혜를 다해서 이루어놓은 모든 것을, 그에게 물려주어서 맡겨야 하다니, 이 수고도 헛되다.

20 ○ 세상에서 애쓴 모든 수고를 생각해보니, 내 마음에는 실망뿐이다. 21 수고는 슬기롭고 똑똑하고 재능 있는 사람이 하는데, 그가 받아야 할 몫을 아무 수고도 하지 않은 다른 사람이 차지하다니, 이 수고 또한 헛되고, 무엇인가 잘못된 것이다. 22 사람이 세상에서 온갖 수고를 마다하지 않고 속 썩이지만, 무슨 보람이 있단 말인가? 23 평생에 그가 하는 일이 괴로움과 슬픔뿐이고, 밤에도 그의 마음이 편히 쉬지 못하니, 이 수고 또

줄곧 허무와 무익을 말하던 이가 24절에선 먹고 마시는 것보다 좋은 게 없다고 합니다. 갈팡질팡, 일관성이 없다는 생각이 듭니다. 즐거움과 행복을 목표로 살아가는 삶에 대해 전도서는 미친 것이라 단호하게 선언합니다. 그 어떤 즐거움도 막상 그 자리에 도달하면 그렇게 기쁘지만은 않습니다. 어떻게 하면 행복할까요? 원하던 그 자리를 성취했을 때 우리는 마냥 행복했던가요? 행복과 즐거움을 추구하며 달려가는 삶을 전도서는 헛되다고 깨닫습니다. 쓸모없다는 것이 아니라 그게 전부는 아니더라는 의미, 혹은 그 즐거움 안에 슬픔도 있더라는 의미입니다. 24-26절은 그러한 한계와 헛됨을 인식할 때, 지금 이 순간 우리가 누리는 행복과 즐거움을 기뻐하고 감사하라는 의미입니다. 그리고 이러한 소소한 행복은 다름 아닌 하나님께로부터 온 것입니다. 참된 행복은 하나님께로부터 옵니다. 그렇다면 훗날의 행복만을 위해 사는 것이 아니라, 지금 우리의 현실 속에서 먹고 마시며 일하는 삶 역시 하나님께서 주신 행복인 줄 알고 누리고 기뻐하는 태도가 필요합니다.

한 헛된 일이다. 24 사람에게는 먹는 것과 마시는 것, 자기가 하는 수고에서 스스로 보람을 느끼는 것, 이보다 더 좋은 것은 없다. 알고 보니, 이것도 하나님이 주시는 것, 25 그분께서 주시지 않고서야, 누가 먹을 수 있으며, 누가 즐길 수 있겠는가? 26 ○ 하나님이, 마음에 드는 사람에게는 슬기와 지식과 기쁨을 주시고, 눈 밖에 난 죄인에게는 모아서 쌓는 수고를 시켜서, 그 모은 재산을 하나님 마음에 드는 사람에게 주시니, 죄인의 수고도 헛되어서 바람을 잡으려는 것과 같다.

{ 제3장 }

매사에 때가 있다

1 모든 일에는 다 때가 있다. 세상에서 일어나는 일마다 알맞은 때가 있다. 2 태어날 때가 있고, 죽을 때가 있다. 심을 때가 있고, 뽑을 때가 있다. 3 죽일 때가 있고, 살릴 때가 있다. 허물 때가 있고, 세울 때가 있다. 4 울 때가 있고, 웃을 때가 있다. 통곡

1절 말을 믿다가는 오히려 수동적이고 비주체적으로 살게 될 것 같습니다. 모든 일에 때가 있다면, 인간은 그때를 어떻게 알 수 있습니까? 맞아요. 우리는 그때를 모릅니다. 그렇지만 이 같은 말씀을 기억할 때, 지금 내가 노력해도 아무런 변화가 안 일어난다 해서, 또 지금 나에게 당장 좋은 날이 오지 않는다 해서 낙망하고 체념할 필요는 없습니다. 수동적이고 비주체적으로 살기보다는, 현재를 인내하고 소망을 키우는 데 힘이 되는 말씀이기도 합니다. 우리 삶에 적절한 때가 있을 것이기 때문입니다. 그래서 때에 관한 이 말씀은 우리에게 낙심하지 않고 오늘 걸어가야 할 걸음을 내딛도록 용기를 줍니다. 오늘 나에게 주어진 작은 것에 기뻐하고 감사하게 합니다.

할 때가 있고, 기뻐 춤출 때가 있다. 5 돌을 흩어버릴 때가 있고, 모아들일 때가 있다. 껴안을 때가 있고, 껴안는 것을 삼갈 때가 있다. 6 찾아 나설 때가 있고, 포기할 때가 있다. 간직할 때가 있고, 버릴 때가 있다. 7 찢을 때가 있고, 꿰맬 때가 있다. 말하지 않을 때가 있고, 말할 때가 있다. 8 사랑할 때가 있고, 미워할 때가 있다. 전쟁을 치를 때가 있고, 평화를 누릴 때가 있다.

9 ○ 사람이 애쓴다고 해서, 이런 일에 무엇을 더 보탤 수 있겠는가? 10 이제 보니, 이 모든 것은, 하나님이 사람에게 수고하라고 지우신 짐이다. 11 하나님은 모든 것이 제때에 알맞게 일어나도록 만드셨다. 더욱이, 하나님은 사람들에게 과거와 미래를 생각하는 감각을 주셨다. 그러나 사람은, 하나님이 하신 일을 처음부터 끝까지 다 깨닫지는 못하게 하셨다. 12 이제 나는 깨닫는다. 기쁘게 사는 것, 살면서 좋은 일을 하는 것, 사람에게 이보다 더 좋은 것이 무엇이랴!

13 ○ 사람이 먹을 수 있고, 마실 수 있고, 하는 일에 만족을 누릴 수 있다면, 이것이야말로 하나님이 주신 은총이다. 14 이제 나는 알았다. 하나님이 하시는 모든 일은 언제나 한결같다. 거기에다가는 보탤 수도 없고 뺄 수도 없다. 하나님이 이렇게 하시니 사

9-11절 말씀은 때가 되면 인간의 노력은 아무 소용이 없다는 뜻입니까? 노력했다고 당장 결실이 생기는 것이 아니라, 그 적절한 때가 될 때 노력의 결실을 맺게 된다는 의미일 것입니다. 아무런 노력도 하지 않았는데 결실을 거둔다면 한순간 기쁠수는 있지만, 그 일로 인해 우리가 자라거나 변화되거나 성장하지는 못할 것입니다. 사람에게 수고를 주셨고 그 적합한 때가 되어 수고에 따라 거두게 된다면, 이러한 경험을 통해 우리는 자라게 될 것입니다. 또 만일 때를 알아서 그때만 무엇을 한다면, 그런 경험이 우리를 성장시키지는 못할 것입니다. 때를 모르는 것은 인간의 한계이면서 동시에 인간의 변화와 성장을 가져오는 계기이기도 합니다.

람은 그를 두려워할 수밖에 없다. 15 지금 있는 것 이미 있던 것이고, 앞으로 있을 것도 이미 있는 것이다. 하나님은 하신 일을 되풀이하신다. 16 나는 세상에서 또 다른 것을 보았다. 재판하는 곳에 악이 있고, 공의가 있어야 할 곳에 악이 있다. 17 나는 마음속으로 생각하였다. "의인도 악인도 하나님이 심판하실 것이다. 모든 일에는 때가 있고, 모든 행위는 심판받을 때가 있기 때문이다."

18 ○ 나는 또 마음속으로 생각하였다. "하나님은, 사람이 짐승과 마찬가지라는 것을 깨닫게 하시려고 사람을 시험하신다. 19 사람에게 닥치는 운명이나 짐승에게 닥치는 운명이 같다. 같은 운명이 둘 다를 기다리고 있다. 하나가 죽듯이 다른 하나도 죽는다. 둘 다 숨을 쉬지 않고는 못 사니, 사람이라고 해서 짐승보다 나을 것이 무엇이냐? 모든 것이 헛되다. 20 둘 다 같은 곳으로 간다. 모두 흙에서 나와서, 흙으로 돌아간다. 21 사람의 영은 위로 올라가고 짐승의 영은 아래 땅으로 내려간다고 하지만, 누가 그것을 알겠는가?" 22 그리하여 나는, 사람에게는 자기가 하는 일에서 보람을 느끼는 것보다 더 좋은 것은 없다는 것을 알았다. 그것은 곧 그가 받은 몫이기 때문이다. 사람이 죽은 다음에, 그에게 일어날 일들을 누가 그를 데리고 다니며 보여주겠는가?

인간 만사가 헛것이고 매사가 하나님 마음대로라면, 어떻게 자신이 하는 일에서 보람을 얻을 수 있습니까? 전도서가 헛것이라고 말할 때 그것은 이해하기 어려움, 다 설명하기 어려움이라는 뜻이지, 헛수고와 같은 의미는 아닙니다. 매사가 하나님 마음대로라는 것은 자칫 변덕스러운 하나님을 떠올리게 하지만, 실제로 변덕스러운 것은 우리 사람이고, 하나님은 변덕스럽지 않습니다. 하나님께서 세상 모든 것을 주관하심을 참으로 신뢰한다면, 우리는 지금 주어진 것에 기뻐하고 감사하며 과한 욕심을 부리지 않고 살아갈 것입니다. 죽은 뒤의 세상을 염려하며 살기보다는 하나님의 인도하심을 신뢰하고 지금 행복하고 올바르게 걸어가는 것이 가장 중요합니다.

{ 제4장 }

억압, 수고, 우정

1 나는 또 세상에서 벌어지는 온갖 억압을 보았다. 억눌리는
사람들이 눈물을 흘려도, 그들을 위로하는 사람이 없다. 억누
르는 사람들은 폭력을 휘두르는데, 억눌리는 사람들을 위로하
는 사람이 없다.

2 ㅇ 그래서 나는, 아직 살아 숨 쉬는 사람보다는, 이미 숨이
넘어가 죽은 사람이 더 복되다고 말하였다. 3 그리고 이 둘보
다는, 아직 태어나지 않아서 세상에서 저질러지는 온갖 못된
일을 못 본 사람이 더 낫다고 하였다.

4 ㅇ 온갖 노력과 성취는 바로 사람끼리 갖는 경쟁심에서 비롯
되는 것임을 나는 깨달았다. 그러나 이 수고도 헛되고, 바람을
잡으려는 것과 같다. 5 "어리석은 사람은 팔짱을 끼고 앉아서,
제 몸만 축낸다"고 하지만, 6 적게 가지고 편안한 것이, 많이
가지려고 수고하며 바람을 잡는 것보다 낫다. 7 나는 세상에서

이제는 삶의 가치 자체를 부정하는군요(2-3절). 너무 염세적이지 않은가요? 성경의
세계관이 원래 이런가요? 차라리 태어나지 말 걸 그랬다는 표현을 우리도 실제로
해본 적이 있지 않습니까? 구약성경에 나오는 예레미야(렘 20:14-18)나 욥(욥 3:1-
26)과 같은 이도 그런 고백을 하기도 했습니다. 전도서 본문 역시 바로 앞 1절은 세
상에 존재하는 학대를 언급합니다. 약자가 짓밟히고 고통을 당하는 현실을 보면서
전도자는 삶의 고통과 괴로움, 억울함, 눈물을 생각했을 것이며, 그런 맥락에서 태
어난 삶이란 얼마나 곤고한가 탄식합니다. 염세적이라기보다는 삶의 괴로움에 대한
깊은 인식과 공감이라 표현하는 것이 맞겠습니다. 전도자는 믿음으로 살면 세상이
온통 장밋빛이라는 비현실적 세계관이 아니라, 믿음을 가졌음에도 여전히 쉽지 않
은 현실에 대한 냉철한 인식을 지녔습니다.

헛된 것을 또 보았다. 8 한 남자가 있다. 자식도 형제도 없이 혼자 산다. 그러나 그는 쉬지도 않고 일만 하며 산다. 그렇게 해서 모은 재산도 그의 눈에는 차지 않는다. 그러면서도 그는 가끔, "어찌하여 나는 즐기지도 못하고 사는가? 도대체 내가 누구 때문에 이 수고를 하는가?" 하고 말하니, 그의 수고도 헛되고, 부질없는 일이다. 9 혼자보다는 둘이 더 낫다. 두 사람이 함께 일할 때에, 더 좋은 결과를 얻을 수 있기 때문이다. 10 그 가운데 하나가 넘어지면, 다른 한 사람이 자기의 동무를 일으켜줄 수 있다. 그러나 혼자 가다가 넘어지면, 딱하게도, 일으켜줄 사람이 없다. 11 또 둘이 누우면 따뜻하지만, 혼자라면 어찌 따뜻하겠는가? 12 혼자 싸우면 지지만, 둘이 힘을 합하면 적에게 맞설 수 있다. 세 겹 줄은 쉽게 끊어지지 않는다.

차라리 태어나지 않는 편이 나을 만큼 삶은 무의미하다면서 우정이나 연대는 높이 평가합니다. 모순이 아닌가요? 잠언과 같은 전통적인 지혜에 대해 전도서는 비판적인 생각을 보이지만, 이 구절들처럼 잠언에서 볼 법한 깨달음도 지니고 있습니다. 한 가지 방향만을 지녀야 한다고 생각하고 전도서를 읽으면 혼란스러울 수 있지만, 전도서는 우리 사는 세상이 그렇게 한 가지 가르침만으로 해결되지 않음을 이야기하는 책입니다. 전도서 안에 서로 충돌되어 보이는 내용이 있을 수 있고, 더 나아가 잠언과 전도서는 충돌되어 보이기도 합니다. 그러나 이것은 충돌이나 모순이라기보다, 삶의 다양한 측면을 직면하는 것이라 이해할 수 있습니다. 특히 이 단락은 홀로 서서는 넘어질 수 있지만, 함께할 때 서로가 서로를 지탱해줄 수 있다고 말합니다. 그래서 서로 다른 생각을 가졌으나 함께할 때 서로의 생각이 깊어질 수 있습니다.

승진도 헛되다

13 아무리 나이가 많아도 신하의 직언을 듣지 않는 왕은 어리석다. 그보다는 가난할지라도 슬기로운 젊은이가 더 낫다. 14 한 나라의 가난한 집안에서 태어나서 젊어서 감옥살이를 하다가도 임금 자리에 오를 수 있다. 15 내가 보니, 세상에서 살아 움직이는 모든 사람이, 왕의 후계자가 된 젊은이를 따른다. 16 한 왕이 다스리는 백성의 수가 셀 수 없이 많다 하여도, 그가 물러나면 어느 누구도 그의 업적을 찬양하지 않으니, 왕으로서 통치하는 것도 헛되며 바람을 잡으려는 것과 다를 바 없다.

{ 제5장 }

하나님을 두려워하여라

1 하나님의 집으로 갈 때에, 발걸음을 조심하여라. 어리석은 사람은 악한 일을 하면서도 깨닫지 못하고, 제물이나 바치면

"걱정이 많으면 꿈이 많아진다"(3절)는 건 무슨 뜻입니까? 현재와 미래에 대한 걱정과 염려가 너무 많아지면, 성전에 가서 예배할 때나 혼자 기도하거나 성경을 볼 때 하나님의 응답이나 뜻에 지나치게 몰두하게 됩니다. 한마디 말을 들어도 날 향한 말씀인가 싶고, 밤에 꿈자리가 좋거나 어수선해도 좋은 징조네 나쁜 징조네 얽매이기도 합니다. 꿈이 많아진다는 것은 별것 아닌 꿈인데도 불안하다 보니 그런 꿈 하나하나에 다 의미를 부여하게 된다는 뜻이라고 볼 수 있습니다. 그러다 보면 오늘의 삶을 바르게 살기보다 징조나 미신 같은 것에 얽매이기 쉽습니다. 내일을 염려하지 말고, 오늘 우리가 실천할 수 있는 한 걸음의 정직하고 바른 길을 가면 좋겠습니다.

되는 줄 알지만, 그보다는 말씀을 들으러 갈 일이다. 2 하나님 앞에서 말을 꺼낼 때에, 함부로 입을 열지 말아라. 마음을 조급하게 가져서도 안 된다. 하나님은 하늘에 계시고, 너는 땅 위에 있으니, 말을 많이 하지 않도록 하여라. 3 걱정이 많으면 꿈이 많아지고, 말이 많으면 어리석은 소리가 많아진다. 4 하나님께 맹세하여서 서원한 것은 미루지 말고 지켜라. 하나님은 어리석은 자를 좋아하지 않으신다. 너는 서원한 것을 지켜라. 5 서원하고서 지키지 못할 바에는, 차라리 서원하지 않는 것이 낫다. 6 너는 혀를 잘못 놀려서 죄를 짓지 말아라. 제사장 앞에서 "내가 한 서원은 실수였습니다" 하고 말하지 말아라. 왜 너는 네 말로 하나님을 진노하시게 하려 하느냐? 어찌하여 하나님이 네 손으로 이룩한 일들을 부수시게 하려고 하느냐? 7 꿈이 많으면 헛된 것이 많고, 말이 많아도 그러하다. 오직 너는, 하나님 두려운 줄만 알고 살아라. 8 어느 지방에서든지 가난한 사람을 억압하고, 법과 정의를 짓밟아도, 너는 그것을 보고 놀라지 말아라. 높은 사람 위에 더 높은 이가 있어서, 그 높은 사람을 감독하고, 그들 위에는 더 높은 이들이 있어서, 그들을 감독한다. 9 한 나라에서 가장 소중한 것은 왕이다. 왕이

자신의 서원이 실수였음을 제사장 앞에서 인정하는 이유는 무엇입니까?(6절) 고대 이스라엘에서 서원은 하나님께 하는 것입니다. 이러한 서원은 함부로 해서는 안 되며, 만일 서원을 했다면 자신에게 불리하더라도 지키는 것이 바람직합니다. 하나님께 했던 서원이지만 뒤늦게 후회하면서 이를 취소하고 싶을 때, 하나님께 제사드리는 성전에 찾아가 제사장 앞에서 취소하는 경우가 있었던 것 같습니다. 대개 서원을 할 때 성전에서 제사드리는 일도 수반하다 보니, 취소도 제사장 앞에서 했던 것 같습니다. 이 구절은 서원을 그렇게 취소해서는 안 된다고 충고합니다. 이익이 되면 서원하고 불이익이겠다 싶어 취소한다면, 그것이야말로 신앙을 이익의 재료로 삼는 것이겠지요.

있으므로 백성은 마음 놓고 농사를 짓는다.

부자가 된들 무엇하랴

10 돈 좋아하는 사람은, 돈이 아무리 많아도 만족하지 못하고, 부를 좋아하는 사람은, 아무리 많이 벌어도 만족하지 못하니, 돈을 많이 버는 것도 헛되다. 11 재산이 많아지면 돈 쓰는 사람도 많아진다. 많은 재산도 임자에게는 다만 눈요기에 지나지 않으니, 무슨 소용이 있는가? 12 적게 먹든지 많이 먹든지, 막일을 하는 사람은 잠을 달게 자지만, 배가 부른 부자는 잠을 편히 못 잔다. 13 나는 세상에서 한 가지 비참한 일을 보았다. 아끼던 재산이, 그 임자에게 오히려 해를 끼치는 경우가 있다. 14 어떤 사람은 재난을 만나서, 재산을 다 잃는다. 자식을 낳지만, 그 자식에게 아무것도 남겨줄 것이 없다. 15 어머니 태에서 맨몸으로 나와서, 돌아갈 때에도 맨몸으로 간다. 수고해서 얻은 것은 하나도 가져가지 못한다. 16 또 한 가지 비참한 일을 보았다. 사람이 온 그대로 돌아가니, 바람을 잡으려는 수

18-20절은 여태 했던 말을 단번에 뒤집고 있습니다. 인생은 덧없지만 수고해서 얻은 결과를 즐기는 건 하나님의 선물이므로 신경 쓰지 말고 즐겁게 살아라, 뭐 그런 뜻입니까? 전도서는 삶의 한 측면이 아니라 다양한 측면을 각각의 자리에서 보려고 애씁니다. 그래서 이렇게 말하는 것도 같고, 저렇게 말하는 것도 같습니다. 하지만 전도서는 모든 즐거움이나 행복 자체를 쓸모없다 말하지 않고, 그러한 즐거움과 행복만을 추구하는 삶을 두고 미친 짓이라고까지 말합니다. '받은 몫', '정해진 몫'이라는 표현이 여기에 쓰였습니다. 과하게 무엇을 언으려거나 알 수 없는 미래를 위해 현재를 희생하지 말되, 지금 우리에게 주어진 것을 소중히 여기고 즐거워하며 행복하라고 권하는 맥락에서 이 같은 '몫'에 대한 언급이 있습니다.

고를 한들 무슨 보람이 있는가? 17 평생 어둠 속에서 먹고 지내며, 온갖 울분과 고생과 분노에 시달리며 살 뿐이다.

18 ○ 그렇다. 우리의 한평생이 짧고 덧없는 것이지만, 하나님이 우리에게 허락하신 것이니, 세상에서 애쓰고 수고하여 얻은 것으로 먹고 마시고 즐거워하는 것이 마땅한 일이요, 좋은 일임을 내가 깨달았다! 이것은 곧 사람이 받은 몫이다. 19 하나님이 사람에게 부와 재산을 주셔서 누리게 하시며, 정해진 몫을 받게 하시며, 수고함으로써 즐거워하게 하신 것이니, 이 모두가 하나님이 사람에게 주신 선물이다. 20 하나님은 이처럼, 사람이 행복하게 살기를 바라시니, 덧없는 인생살이에 크게 마음 쓸 일이 없다.

{ 제6장 }

1 나는 세상에서 또 한 가지, 잘못되고, 억울한 일을 본다. 그것은 참으로 견디기 어려운 것이다. 2 하나님이 어떤 사람에게는 부와 재산과 명예를 원하는 대로 다 주시면서도, 그것들을 그 사람이 즐기지 못하게 하시고, 엉뚱한 사람이 즐기게 하시니, 참으로 어처구니가 없는 일이요, 통탄할 일이다. 3 사람이 자녀를 백 명이나 낳고 오랫동안 살았다고 하자. 그가 아무리 오래 살았다고 하더라도, 그 재산으로 즐거움을 누리지도 못하고, 죽은 다음에 제대로 묻히지도 못한다면, 차라리 태어날 때에 죽어서 나온 아이가 그 사람보다 더 낫다. 4 태어날 때에 죽어서 나온 아이는, 뜻 없이 왔다가 어둠 속으로 사라지며, 그 속에서 영영 잊혀진다. 5 세상을 보지도 못하고, 인생이 무엇인지 알지도 못한다. 그러나 이 아이는 그 사람보다 더 편하게 안식을 누리지 않는가! 6 비록 사람이 천 년씩 두 번을 산다고 해도, 자기 재산으로 즐거움을 누리지도 못하면 별수 없다. 마침내는 둘 다 같은 곳으로 가지 않는가! 7 사람이 먹으려

전도자는 '죽은 다음에 제대로 묻히는'(3절) 것을 왜 그렇게 중요하게 여기나요? 고대 이스라엘에서는 사람이 죽으면 조상에게로 돌아간다고 여겼습니다(예. 창 49:33; 민 27:13). 그런데 제대로 매장되지 않는다면 그것은 죽은 다음에도 제대로 쉴 수 없는 가장 불명예스러운 처지에 놓였음을 의미합니다. 그래서 하나님의 심판 가운데 '제대로 매장되지 않는 처벌'을 받은 이들이 있습니다(왕하 9:33-37; 렘 22:18-19; 사 14:18-19). 누군가에 대한 완전한 심판과 정복의 상징으로 무덤을 파헤쳐서 뼈를 불태워버리는 것도 이와 연관됩니다(렘 8:1-2; 암 2:1). 제대로 매장되지 못했다는 것은 가장 큰 재앙의 상징이었으며(시 79:3), 전도서 구절은 심지어 태어나지 않은 이보다 못하다고까지 표현합니다.

고 수고를 마다하지 않지만, 그 식욕을 채울 길은 없다. 8 슬기로운 사람이 어리석은 사람보다 나은 것이 무엇인가? 가난한 사람이 세상 살아가는 법을 안다고 해서, 무슨 소용이 있는가? 9 이것 또한 헛되고, 바람을 잡으려는 것과 같다. 가지고 있는 것으로 만족하는 것이, 욕심에 사로잡혀서 헤매는 것보다 낫다. 10 지금 있는 것은 무엇이든지, 이미 오래전에 생긴 것이다. 인생이 무엇이라는 것도 이미 알려진 것이다. 사람은 자기보다 강한 이와 다툴 수 없다.

11 ○ 말이 많으면 빈말이 많아진다. 많은 말이 사람에게 무슨 도움을 주는가? 12 그림자처럼 지나가는 짧고 덧없는 삶을 살아가는 사람에게, 무엇이 좋은지를 누가 알겠는가? 사람이 죽은 다음에, 세상에서 일어날 일들을 누가 그에게 말해줄 수 있겠는가?

3-6절은 마치 어머니 뱃속에서 죽은 아이를 부러워하는 분위기입니다. 인생이 그렇게까지 무가치한가요? 이런 이야기를 하는 의도를 모르겠습니다. 관건은 '우리에게 주어진 것을 누리지 못했다면'입니다. 전도서가 줄기차게 말하는 대로, 더 큰 즐거움, 더 큰 행복을 얻으려는 것은 헛되며 미친 짓입니다. 그러나 사람에게는 하나님께서 나누어주신 제 몫이 있습니다. 이것을 지금 즐거워하며 누리고 사는 것이 좋은데, 우리 가운데 어떤 이들은 그것을 누리지 못한 채 더 달려가고 또 달려가며 계속해서 미래만을 보고 나아갑니다. 그러다 결국 정작 그에게 주어진 복은 누리지도 못한 채 수고만 하다가 죽는다면 그 삶은 참으로 허망한 삶일 것입니다. 지금 우리에게 있는 것으로도 행복을 누릴 수 있건만, 무엇을 위해 우리는 잠시도 쉬지 않고 계속 달려가는 것일까요?

{ 제7장 }

지혜

1 명예가 값비싼 향유보다 더 낫고, 죽는 날이 태어나는 날보다 더 중요하다. 2 초상집에 가는 것이 잔칫집에 가는 것보다 더 낫다. 살아 있는 사람은 누구나 죽는다는 것을 명심하여야 한다. 3 슬픔이 웃음보다 나은 것은, 얼굴을 어둡게 하는 근심이 마음에 유익하기 때문이다. 4 지혜로운 사람의 마음은 초상집에 가 있고 어리석은 사람의 마음은 잔칫집에 가 있다. 5 지혜로운 사람의 책망을 듣는 것이, 어리석은 사람의 노래를 듣는 것보다 더 낫다. 6 어리석은 사람의 웃음소리는 가마솥 밑에서 가시나무 타는 소리와 같다. 이 또한 헛되다. 7 탐욕은 지혜로운 사람을 어리석게 만들고, 뇌물은 지혜로운 사람의 마음을 병들게 한다. 8 일은 시작할 때보다 끝낼 때가 더 좋다. 마음은 자만할 때보다 참을 때가 더 낫다. 9 급하게 화내지 말아라. 분노는 어리석은 사람의 품에 머무는 것이다. 10 옛날이 지금보다 더 좋은 까닭이 무엇이냐고 묻지 말아라. 이런 질문은 지혜

"슬픔이 웃음보다 나은 것은, 얼굴을 어둡게 하는 근심이 마음에 유익하기 때문이다"(3절). 근심이 마음에 유익하다니요, 그건 무슨 뜻입니까? 여기서의 근심은 미래에 대한 염려나 걱정 같은 것보다는 자기 자신의 삶을 돌아보는 것, 이제까지 미친 듯이 달려가던 삶에 대한 성찰을 가리킨다고 볼 수 있습니다. 앞 구절과 뒤 구절에 모두 '초상집'이 있습니다. 초상집에 가면 삶이 무엇인지, 어떻게 살아야 하는지 돌아보게 될 뿐 아니라, 내가 무엇을 위해 이렇게도 아등바등하며 살아가는지 돌아보게 됩니다. 죽은 이를 애도하며 삶을 깊이 돌아볼 때, 오늘을 살아가는 우리 삶에 어떤 변화가 있을 것입니다. 그 점에서 근심이 우리에게 유익하다 말할 수 있습니다.

롭지 못하다. 11 지혜는 유산을 받는 것만큼이나 좋은 것이니, 이 세상에서 살면서 그 덕을 보기 때문이다. 12 돈이 사람을 보호하듯, 지혜도 사람을 보호한다. 그러나 지혜를 깨우쳐 아는 지식이 더 좋은 까닭은, 지혜가 그 사람의 목숨을 살려주기 때문이다. 13 하나님이 하시는 일을 생각해보아라. 하나님이 구부려놓으신 것을 누가 펼 수 있겠는가? 14 좋은 때에는 기뻐하고, 어려운 때에는 생각하여라. 하나님은 좋은 때도 있게 하시고, 나쁜 때도 있게 하신다. 그러기에 사람은 제 앞일을 알지 못한다. 15 헛된 세월을 사는 동안에, 나는 두 가지를 다 보았다. 의롭게 살다가 망하는 의인이 있는가 하면, 악한 채로 오래 사는 악인도 있더라. 16 그러니 너무 의롭게 살지도 말고, 너무 슬기롭게 살지도 말아라. 왜 스스로를 망치려 하는가? 17 너무 악하게 살지도 말고, 너무 어리석게 살지도 말아라. 왜 제 명도 다 못 채우고, 죽으려고 하는가? 18 하나를 붙잡되, 다른 것도 놓치지 않는 것이 좋다. 하나님을 두려워하는 사람은 극단을 피한다. 19 지혜는 슬기로운 한 사람을, 성읍을 다스리는 통치

16-18절의 내용은 눈치를 봐가면서 대충 살라는 가르침으로 읽힙니다. 극단을 피한다는 건 무얼 말합니까? '지나친 의로움', '지나친 슬기', '지나친 악', '지나친 어리석음'은 모두 이상한 표현입니다. 더욱이 결론이 하나님을 경외하는 삶임을 생각하면, "지나치게 의로운 것은 나쁘다"고 말할 수 없겠지요. 이런 표현은 독자로 하여금 곰곰이 생각해보게 만드는 과장된 표현이라 할 수 있습니다. 여기서 지나친 의로움은 자기 자신을 마치 무척 의로운 사람인 것처럼 여기는 오만함과 교만, 때로 그런 사람에게 나타나는 위선에 대한 고발이라 이해할 수 있습니다(예, 20절). 지나치게 악인이 되거나 어리석은 자가 되지 말라는 말씀은 자기 자신의 죄를 인정하되, 자신을 너무 나쁜 사람이라거나 미련한 사람이라고 내팽개치지 말라는 의미로 볼 수 있습니다. 하나님께서 우리를 지으셨으니 하나님을 신뢰하고 경외하면서 지금 우리가 할 수 있는 일을 행하라는 권면으로 이 단락을 이해할 수 있지 않을까요?

자 열 명보다 더 강하게 만든다. 20 좋은 일만 하고 잘못을 전혀 저지르지 않는 의인은 이 세상에 하나도 없다. 21 남들이 하는 말에 마음을 쓰지 말아라. 자칫하다가는 네 종이 너를 욕하는 것까지 듣게 된다. 22 너 또한 남을 욕한 일이 많다는 것을 너 스스로 잘 알고 있다. 23 나는 이 모든 것을 지혜로 시험해 보았다. 내가 "지혜 있는 사람이 되어야지" 하고 결심해보았지만, 지혜가 나를 멀리하더라. 24 지혜라는 것이 무엇인지, 너무도 멀고 깊으니, 누가 그것을 알 수 있겠는가? 25 그래도 나는 한곳으로만 정신을 쏟아보았다. 지혜가 무엇인지, 사물의 이치가 어떤 것인지를, 연구하고 조사하고 이해하려고 하였다. 사악이 얼마나 어리석은 일이며, 우매가 얼마나 미친 일인지를 깨닫는 데에 정신을 쏟아보았다. 26 나는 또, 올가미와 같은 여자 마음이 덫과 같고, 손이 쇠사슬과 같은 여자는 죽음보다 더 쓰다는 것을 알았다. 하나님을 기쁘게 해드리는 남자는 그런 여자를 피할 수 있지만, 죄인은 그런 여자에게 걸려들고 말 것이다. 27 보아라, 전도자가 말한다. 내가 깨달은 것은 이것이다. 사물의 이치를 하나하나씩 찾아가는데, 28 아직도 얻지 못하였지만, 다만 찾으면서 깨달은 것은 오로지, 천 명 가운데서 남자

29절 말씀을 이해하지 못하겠습니다. 하나님이 만드신 정품을 인간이 망가뜨렸다는 건가요? 29절 이전에 있는 26-28절은 여성 혐오를 내비치는 것 같습니다. 그러나 잠언에서도 그러했던 것처럼, 지혜문학이 고발하는 '여성'은 생물학적 여성이 아니라 '어리석음'을 상징합니다. 이 단락이 여성 혐오가 아니라는 점은 결론인 29절에서 확실히 볼 수 있습니다. 하나님께서는 사람을 '평범하고 단순하게', 달리 옮기면 '정직하게' 지으셨습니다. 그러나 사람들은 대개 자신의 욕망 성취를 위해 사물과 현실을 비틀고 꼬아서 복잡하게 만들어버리며, 결국 진정한 행복을 누리기보다는 삶을 더 힘겹게 만들곤 합니다. 이렇게 볼 때 29절은 지혜를 내버린 사람의 모습을 지적합니다.

하나는 찾을 수 있어도, 천 명 가운데서 여자 하나는 찾지 못한다는 것이다. 29 그렇다. 다만 내가 깨달은 것은 이것이다. 하나님은 우리 사람을 평범하고 단순하게 만드셨지만, 우리가 우리 자신을 복잡하게 만들어버렸다는 것이다.

{ 제8장 }

1 어떤 사람이 지혜 있는 사람인가? 사물의 이치를 아는 사람이 누구인가? 지혜는 사람의 얼굴을 밝게 하고 굳은 표정을 바꾸어준다.

왕에게 복종하라

2 ○ 나는 권한다. 왕의 명령에 복종하여라. 그것은 네가 하나님 앞에서 맹세한 것이기 때문이다. 3 왕이 싫어하는 일은 고집하지 말고, 왕 앞에서는 물러나거라. 왕은 자기 마음대로 할

2절 내용은 오늘날의 민주적인 질서에 어긋납니다. 이런 시대착오적인 구절은 성경에서 빼버려야 하는 게 아닐까요? 전도서와 구약은 지금으로부터 수천 년 전 왕정시대를 배경으로 합니다. 고대 배경의 말씀이라고 다 빼버리면 성경에 남는 것은 두루뭉술한 보편적이고 추상적인 이야기뿐일 것입니다. 고대 배경에서 이러한 취지라면 오늘 우리 시대에는 어떤 의미일지 궁리하고 생각하는 것이 우리 몫입니다. 왕정이 상식이던 시절에 왕에게 복종하는 까닭은 하나님 앞에서 약속한 것이기 때문이라는 2절 말씀은 사실상 왕의 권세보다 위에 있는 분이 하나님임을 알려줍니다. 누군가에게 복종하는 일은 하나님께서 진정한 권세임을 기억하는 것에서 비롯됩니다. 당연히 그 왕이 하나님을 거역한다면 도리어 하나님께 순종하는 것이 맞습니다.

수 있는 사람이다. 4 왕의 말이 곧 최고의 법인데, 누가 감히 그에게 "왜 그렇게 하십니까?" 하고 말할 수 있겠는가? 5 왕의 명령을 지키는 이는 안전하다. 지혜 있는 사람은 언제 어떻게 그 일을 하여야 하는지를 안다. 6 우리가 비록 장래 일을 몰라서 크게 고통을 당한다 해도, 모든 일에는 알맞은 때가 있고 알맞은 방법이 있다. 7 무슨 일이 일어날지 아무도 모른다. 앞으로 일어날 일을 말하여줄 수 있는 사람이 누구인가? 8 바람을 다스려 그치게 할 수 있는 사람이 없듯이, 자기가 죽을 날을 피하거나 연기시킬 수 있는 사람도 없다. 전쟁이 일어나면 벗어날 사람이 없듯이, 악은 행악자를 놓아주지 않는다.

악한 사람과 올바른 사람

9 ○ 나는 이 세상에서 벌어지는 모든 일을 살펴보다가, 이 세상에는 권력 쥔 사람 따로 있고, 그들에게 고통받는 사람 따로 있음을 알았다. 10 나는, 악한 사람들이 죽어서 무덤에 묻히는 것을 보았다. 그런데 사람들은 장지에서 돌아오는 길에 그 악한 사

"바람을 다스려 그치게 할 수 있는 사람이 없듯이, 자기가 죽을 날을 피하거나 연기시킬 수 있는 사람도 없다. 전쟁이 일어나면 벗어날 사람이 없듯이, 악은 행악자를 놓아주지 않는다"(8절). 악은 행악자를 놓아주지 않는다는 말은 무슨 뜻이고, 왜 이 자리에 들어가 있는 거죠? 8절은 사람의 힘으로 할 수 없는 것들 세 가지를 열거합니다. 마지막에 있는 '놓아주다'는 여기서는 '살려주다'라는 의미입니다. 영화에서 종종 엄청난 악당이 온갖 수단 방법을 동원해 자기 길을 영광스럽게 만드는 것을 보곤 합니다. 그러나 전도자는 악이 제아무리 애를 써도 그 악을 행하는 자를 결코 구원할 수 없다고 선언합니다. 이것은 전도자의 확신이면서, 악한 방법을 통한 부귀나 평안이 결코 참된 것일 수 없다는 고백이기도 합니다.

람들을 칭찬한다. 그것도 다른 곳이 아닌, 바로 그 악한 사람들이 평소에 악한 일을 하던 바로 그 성읍에서, 사람들은 그들을 칭찬한다. 이런 것을 보고 듣노라면 허탈한 마음 가눌 수 없다.

11 ○ 사람들은 왜 서슴지 않고 죄를 짓는가? 악한 일을 하는데도 바로 벌이 내리지 않기 때문이다. 12 악한 사람이 백 번 죄를 지어도 그는 여전히 살아 있다. 사람들은 말한다. "하나님 앞에 경건하게 살면서 하나님을 두려워하는 사람은 모든 일이 다 잘되지만 13 악한 자는 하나님을 두려워하지 않으니, 그가 하는 일이 잘될 리 없으며, 사는 날이 그림자 같고 한창 나이에 죽고 말 것이다."

14 ○ 이 세상에서 헛된 일이 벌어지고 있다. 악한 사람이 받아야 할 벌을 의인이 받는가 하면, 의인이 받아야 할 보상을 악인이 받는다. 이것을 보고, 나 어찌 헛되다고 말하지 않을 수 있겠는가?

15 ○ 나는 생을 즐기라고 권하고 싶다. 사람에게, 먹고 마시고 즐기는 것보다 더 좋은 것이 세상에 없기 때문이다. 그래야 이 세상에서 일하면서, 하나님께 허락받은 한평생을 사는 동안에, 언제나 기쁨이 사람과 함께 있을 것이다.

14-15절에서 전도자는 하나님의 정의 따위는 존재하지 않으니 먹고 마시다 세상을 떠나는 게 으뜸이라고 말하는 셈인가요? 전도자에게는 "하나님을 경외하면 잘되지만, 악한 자에겐 재앙이 있다"는 12-13절에 표현된 전통적인 믿음이 있는가 하면, 현실이 그런 말씀과 거리가 멀다는 냉철한 인식도 있습니다. 그 점에서 전도서와 같은 책은 삶에 대해 손쉬운 결론을 주지 않습니다. 의인이 마땅한 보상을 받지 못하고 악인이 그 보상을 누리기도 하는 현실을 보며 전도자는 '헛되다', 즉 "도무지 설명하거나 알기 어렵다"고 말합니다. 여전히 하나님을 신뢰하지만, 다 파악할 수 없고 다 이해할 수 없는 현실로 인해 탄식합니다. 어떻게 그는 이렇게 불의한 현실을 보고도 하나님 경외를 내팽개치지 않을 수 있었을까요?

16 ○ 내가 마음을 다하여 지혜가 무엇인지를 알고자 하였을 때에, 그리고 땅 위에서 밤낮 쉬지도 않고 수고하는 사람의 수고를 살펴보았을 때에, 17 하나님이 하시는 모든 일을 두고서, 나는 깨달은 바가 있다. 그것은 아무도 이 세상에서 이루어지는 일을 이해할 수는 없다는 것이다. 그 뜻을 찾아보려고 아무리 애를 써도, 사람은 그 뜻을 찾지 못한다. 혹 지혜 있는 사람이 안다고 주장할지도 모르지만, 그 사람도 정말 그 뜻을 알 수는 없는 것이다.

{ 제9장 }

모두 다 겪은 일

1 나는 이 모든 것을 마음속으로 깊이 생각해보았다. 그리고서 내가 깨달은 것은, 의로운 사람들과 지혜로운 사람들이 하는 일을 하나님이 조종하신다는 것, 그들의 사랑과 미움까지도 하나님이 조종하신다는 것이다. 사람은 아무도 자기 앞에 놓여 있는 일을 알지 못한다. 2 모두가 같은 운명을 타고났다.

모두가 같은 운명을 타고났다(2절)면, 애써 하나님을 좇을 필요가 있을까요? 여기서 말하는 '같은 운명'은 3절, 그리고 앞서 2장 14~17절과 3장 19~21절에서도 다룬 것처럼 모든 사람에게 공평하게 임하는 죽음을 가리킵니다. 의인이든 악인이든 결국 누구나 죽습니다. 그래서 겉으로 드러나는 모습만으로는 의롭고 착하게 사는 것이 불의하고 악하게 사는 것보다 무엇이 더 나은지 잘 보이지 않습니다. 그렇지만 올바르게 살아도 아무 소용없다는 것이 전도자의 결론은 아닙니다. 그는 하나님을 경외하고 의롭게 사는 것이 부귀영화나 더 편안하고 쾌적한 삶, 더 오래 누리며 사는 삶을 위한 방편이 아님을 경고한다고 볼 수 있습니다.

의인이나 악인이나, 착한 사람이나 나쁜 사람이나, 깨끗한 사람이나 더러운 사람이나, 제사를 드리는 사람이나 드리지 않는 사람이나, 다 같은 운명을 타고났다. 착한 사람이라고 해서 죄인보다 나을 것이 없고, 맹세한 사람이라고 해서 맹세하기를 두려워하는 사람보다 나을 것이 없다. 3 모두가 다 같은 운명을 타고났다는 것, 이것이 바로 세상에서 벌어지는 모든 잘못된 일 가운데 하나다. 더욱이, 사람들은 마음에 사악과 광증을 품고 살다가 결국에는 죽고 만다. 4 살아 있는 사람에게는, 누구나 희망이 있다. 비록 개라고 하더라도, 살아 있으면 죽은 사자보다 낫다. 5 살아 있는 사람은, 자기가 죽을 것을 안다. 그러나 죽은 사람은 아무것도 모른다. 죽은 사람에게는 더 이상의 보상이 없다. 사람들은 죽은 이들을 오래 기억하지 않는다. 6 죽은 이들에게는 이미 사랑도 미움도 야망도 없다. 세상에서 일어나는 어떠한 일에도, 다시 끼어들 자리가 없다. 7 지금은 하나님이 네가 하는 일을 좋게 보아주시니, 너는 가서 즐거이 음식을 먹고, 기쁜 마음으로 포도주를 마셔라. 8 너는 언제나 옷을 깨끗하게 입고, 머리에는 기름을 발라라. 9 너의 헛된 모든 날, 하나님이 세상에서 너에게 주신 덧없는 모든 날에

"살아 있는 사람에게는, 누구나 희망이 있다. 비록 개라고 하더라도, 살아 있으면 죽은 사자보다 낫다"(4절). 형편이 이러한데, 살아 있는 이에게 무슨 희망이 있다는 걸까요? 왜냐하면 살아 있는 동안에 우리는 선택할 수 있고, 바꿀 수 있고, 행할 수 있으니까요. 죽으면 더 이상 삶을 누릴 수도 없고, 나눌 수도 없으며, 후회스러운 삶을 바꿀 수도 없으니까요. 어차피 모든 이가 죽음이라는 같은 곳에 도착하는데 왜 그렇게 욕심을 부리며 아둥바둥 살았는지, 살아 있는 동안에는 뉘우치며 돌아설 수 있는 기회가 있습니다. 죽음이라는 공통의 운명은 우리를 절망하게 하기보다 살아 있는 동안 누리고 바꾸고 나누는 삶을 선택하도록 돕습니다. 그것이 지혜로움이겠지요.

너는 너의 사랑하는 아내와 더불어 즐거움을 누려라. 그것은 네가 사는 동안에, 세상에서 애쓴 수고로 받는 몫이다. 10 네가 어떤 일을 하든지, 네 힘을 다해서 하여라. 네가 들어갈 무덤 속에는, 일도 계획도 지식도 지혜도 없다. 11 나는 세상에서 또 다른 것을 보았다. 빠르다고 해서 달리기에서 이기는 것은 아니며, 용사라고 해서 전쟁에서 이기는 것도 아니더라. 지혜가 있다고 해서 먹을 것이 생기는 것도 아니며, 총명하다고 해서 재물을 모으는 것도 아니며, 배웠다고 해서 늘 잘되는 것도 아니더라. 불행한 때와 재난은 누구에게나 닥친다. 12 사람은, 그런 때가 언제 자기에게 닥칠지 알지 못한다. 물고기가 잔인한 그물에 걸리고, 새가 덫에 걸리는 것처럼, 사람들도 갑자기 덮치는 악한 때를 피하지 못한다.

어리석음보다 슬기가 낫다

13 ○ 나는 세상에서 지혜로운 사람이 겪는 일을 보고서, 큰 충격을 받은 적이 있다. 14 주민이 많지 아니한 작은 성읍이 있

11-12절에서 말한 것처럼 삶이 종잡을 수 없다는 건 알겠는데, 그럼 어찌 살아야 한다는 거죠? 최선을 다했는데 결과가 좋지 않을 때 우리는 무척 낙심합니다. 남들보다 고생하며 의롭게 살려고 애썼는데, 막상 내 삶이 잘 안 풀리면 억울한 마음이 들기도 합니다. 전도서는 결과가 사람의 것이 아님을 계속 이야기합니다. 의인이든 악인이든 같은 결과인 죽음에 이르고, 그 죽음에 이르는 시간이 언제인지 내가 선택할 수도 없다고 말합니다. 그래서 아무렇게나 살자고 말하는 것이 아니라, 결과는 사람의 손안에 있지 않으니 목적지만 보고 살지 말고 걸어가는 순간순간 즐거워하고 감사하며 살아가자 권면합니다. 모로 가도 서울만 가면 되는 것이 아니라, 어디로 가든 지금 이 순간을 즐겁고 바르게 걸어가는 것이 중요하다 권합니다.

었는데, 한번은 힘센 왕이 그 성읍을 공격하였다. 그는 성읍을 에워싸고, 성벽을 무너뜨릴 준비를 하였다. 15 그때에 그 성 안에는 한 남자가 살고 있었는데, 그는 가난하기는 하지만 지혜로운 사람이므로, 그의 지혜로 그 성을 구하였다. 그러나 어느 누구도 그 가난한 사람을 오래 기억하지 않았다. 16 나는 늘 "지혜가 무기보다 낫다"고 말해왔지만, 가난한 사람의 지혜가 멸시받는 것을 보았다. 아무도 가난한 사람의 말에 더 이상 귀를 기울이지 않았다. 17 어리석은 통치자의 고함치는 명령보다는, 차라리 지혜로운 사람의 조용한 말을 듣는 것이 더 낫다. 18 지혜가 전쟁 무기보다 더 낫지만, 죄인 하나가 많은 선한 것을 망칠 수 있다.

{ 제10장 }

1 향수에 빠져 죽은 파리가 향수에서 악취가 나게 하듯이, 변변
치 않은 적은 일 하나가 지혜를 가리고 명예를 더럽힌다. 2 지
혜로운 사람의 마음은 옳은 일 쪽으로 기울고, 어리석은 사람
의 마음은 그릇된 일 쪽으로 기운다. 3 어리석은 자는 길을 갈
때에도, 생각 없이 자기의 어리석음을 누구에게나 드러낸다.
4 통치자가 너에게 화를 낼 때에, 너는 네 자리를 뜨지 말아라.
침착하면 큰 잘못을 막을 수 있다.

5 ㅇ 내가 세상에서 본 잘못된 일 또 하나는, 역시 통치자에
게서 볼 수 있는 크나큰 허물이다. 6 어리석은 사람을 높은
자리에 앉히고, 존귀한 사람을 낮은 자리에 앉히는 것이다.
7 내가 보니, 좋은 말을 타고, 상전은 종처럼 걸어 다니는 일
이 있더라. 8 구덩이를 파는 자는 거기에 빠질 수가 있고, 담
을 허무는 자는 뱀에게 물릴 수가 있다. 9 돌을 떠내는 자는
돌에 다칠 수가 있고, 나무를 패는 자는 나무에 다칠 수가 있

10장의 분위기는 사뭇 달라서 서로 상관없는 낱낱의 잠언들을 늘어놓은 것처럼 보입
니다. 10장은 앞의 본문들과 어떤 관련이 있습니까? 전도서의 주된 흐름과 논조는
'실용적 전통 지혜'에 대한 비판입니다. 지혜로운 선택을 하면 그 결과로 부귀와 장
수가 주어진다는 전통적 지혜에 대해, 전도자는 현실은 그렇지 않다고 관찰과 경험,
연구에 근거해 반박합니다. 그와 더불어 전도서 안에도 여전히 전통적 지혜라고 할
수 있는 내용 또한 많습니다. 8장 앞부분에도 있지만, 주로 10장에 이 같은 내용이
실려 있습니다. 전도서 전체의 논조는 분명하지만, 전도자는 한 가지 시각으로 사물
과 현실을 다 설명하려고 하지 않습니다. 전도서의 다른 장들과 10장, 그리고 전도
서와 잠언처럼 서로 반대되어 보이는 내용이 나란히 존재하는 현실은 우리에게 너
무 협소한 시각으로 현실을 함부로 재단하지 말 것을 가르칩니다.

다. 10 도끼가 무딘데도 그 날을 갈지 않고 쓰면, 힘이 더 든다. 그러나 지혜는 사람을 성공하도록 돕는다. 11 뱀을 부리지도 못하고 뱀에게 물리면, 뱀을 부린다는 그 사람은 쓸데가 없다. 12 지혜로운 사람은 말을 해서 덕을 보고, 어리석은 사람은 제 입으로 한 말 때문에 망한다. 13 어리석은 자의 입에서 나오는 말은, 어리석음으로 시작해서 사악한 광기로 끝난다. 14 그런데도 어리석은 자는 말을 하고 또 한다. 무슨 일이 일어날지 아는 사람은 없다. 앞으로 일어날 일을 말해줄 수 있는 사람이 누구인가? 15 제 집으로 가는 길조차 못 찾는 어리석은 자는, 일을 해도 피곤하기만 하다. 16 왕은 어리고, 대신들은 이른 아침부터 잔치에 빠져 있는 나라여, 너는 저주를 받을 것이다. 17 왕은 출신이 고귀하고, 대신들은 취하려고 해서가 아니라, 건강을 지키려고 제때에 먹는 나라여, 너는 복을 받을 것이다. 18 게으른 자의 집은 들보가 내려앉고, 손이 놀면 지붕이 샌다. 19 잔치는 기뻐하려고 벌이는 것이다. 포도주는 인생을 즐겁게 하고, 돈은 만사를 해결한다. 20 마

8-10절에서 전도자는 무엇을 설명합니까? 구덩이를 파고, 담을 허물고, 돌을 떠내고, 나무를 패는 자는 어떤 이들을 대표합니까? 한편으로 이 구절은 우리 일상에서 벌어지는 행동을 예로 들어서 인과응보를 말합니다. 원인이 있으니 결과가 있습니다. 이러한 인과응보는 하나님께서 만드신 세상의 기본 질서이기도 합니다. 아울러 이 구절들은 예측할 수 없는 미래를 말하기도 합니다. 함정을 파놓고 자신이 거기에 빠질 거라 생각한 사람은 없을 테지만, 그런 일이 일어나기도 합니다. 커다란 돌을 잘라내어 옮기려고 하다가 다치기도 하고, 나무를 쪼개다가 사고가 나기도 합니다. 그래서 우리에게는 10절이 말하듯 지혜가 필요합니다. 어떤 일이든 시작하면 그 과정과 결과에 다른 상황이 생길 수도 있음을 유념해야 하며, 철 연장의 날을 미리 갈아놓는 것처럼 잘 대비하고 준비하는 것이 필요합니다.

음속으로라도 왕을 욕하지 말며, 잠자리에서라도 존귀한 이를 저주하지 말아라. 하늘을 나는 새가 네 말을 옮기고, 날짐 승이 네 소리를 전할 것이다.

{ 제11장 }

슬기로운 삶

1 돈이 있으면, 무역에 투자하여라. 여러 날 뒤에 너는 이윤을 남 길 것이다. 2 이 세상에서 네가 무슨 재난을 만날지 모르니, 투 자할 때에는 일곱이나 여덟로 나누어 하여라. 3 구름에 물이 가 득 차면, 비가 되어서 땅 위로 쏟아지는 법. 나무가 남쪽으로나 북쪽으로 쓰러지면, 어느 쪽으로 쓰러지든지, 쓰러진 그곳에 그 대로 있는 법. 4 바람이 그치기를 기다리다가는, 씨를 뿌리지 못한다. 구름이 걷히기를 기다리다가는, 거두어들이지 못한다.

성경이 투자처까지 정해주나요?(1-2절) 뜬금없는 이 구절, 대체 무슨 뜻이 숨어 있 는 거죠? 1절의 히브리어를 직역하면 "네 떡을 물 위에 던지라"입니다. 물은 바다 라고 볼 수 있고, 바다를 이용한 해상 교역에 투자하면 훗날 큰 이윤을 거둘 수 있 다는 의미인데, 이것이 새번역 성경에 반영되었습니다. 한편 물속에 던지는 떡은 실 제로는 아무 소용없는 일이라는 점에서, 전혀 쓸모없다 싶은 행동을 했는데 뜻밖에 훗날 그로부터 무언가를 얻게 되는 경우가 있다는 의미로도 볼 수 있습니다. 2절은 어떤 일이 잘되고 어떤 일이 잘 안 될지 모르니 여러 상황에 미리 대비할 것을 권합 니다. 1-2절을 함께 고려하면, 우리가 전망 있다 싶은 일이 아무 소용없기도 하고, 이 일은 헛수고다 싶은 일로 큰 도움을 얻기도 하는 인생을 생각해보게 됩니다. 그 래서 아무렇게나 살자는 것이 아니라, 인생길에 겸손함이 필요하다는 것, 그리고 다 른 가능성도 있을 수 있음을 늘 기억하는 것이 좋겠습니다.

5 바람이 다니는 길을 네가 모르듯이 임신한 여인의 태에서 아이의 생명이 어떻게 시작되는지 네가 알 수 없듯이, 만물의 창조자 하나님이 하시는 일을 너는 알지 못한다. 6 아침에 씨를 뿌리고, 저녁에도 부지런히 일하여라. 어떤 것이 잘될지, 이것이 잘될지 저것이 잘될지, 아니면 둘 다 잘될지를, 알 수 없기 때문이다.

젊은이에게 주는 충고

7 빛을 보고 산다는 것은 즐거운 일이다. 해를 보고 산다는 것은 기쁜 일이다. 8 오래 사는 사람은 그 모든 날을 즐겁게 살 수 있어야 한다. 그러나 어두운 날들이 많을 것이라는 것도 기억해야 한다. 다가올 모든 것은 다 헛되다. 9 젊은이여, 젊을 때에, 젊은 날을 즐겨라. 네 마음과 눈이 원하는 길을 따라라. 다만, 네가 하는 이 모든 일에 하나님의 심판이 있다는 것만은 알아라. 10 네 마음의 걱정과 육체의 고통을 없애라. 혈기왕성한 청춘은 덧없이 지나가기 때문이다.

9절은 마치 한창때는 내키는 대로 살아도 좋다는 말씀처럼 보입니다. 정말 그런 말인가요? 네, 그런 의미도 있습니다. 전도서는 미래를 우리 마음대로 할 수 없다는 점을 계속 강조합니다. 그렇다면 미래의 행복만을 추구할 것이 아니라, 지금 우리에게 주어진 것을 누리며 살라고 권합니다. 젊음의 때야말로 눈부시고 아름다운 시간이기도 하지 않습니까? 우리에게 주어진 몫이니 즐거워하고 기뻐하면 좋겠습니다. 다만 우리 모든 일을 심판하시는 하나님을 기억하면서, 우리의 즐거움과 누림을 위해 다른 사람을 짓밟거나 유린하는 일, 혹은 다른 이의 불행을 모른 체하는 일이 없도록 유의하는 태도가 필요합니다.

{ 제12장 }

1 젊을 때에 너는 너의 창조주를 기억하여라. 고생스러운 날들이 오고, 사는 것이 즐겁지 않다고 할 나이가 되기 전에, 2 해와 빛과 달과 별들이 어두워지기 전에, 먹구름이 곧 비를 몰고 오기 전에, 그렇게 하여라. 3 그때가 되면, 너를 보호하는 팔이 떨리고, 정정하던 두 다리가 약해지고, 이는 빠져서 씹지도 못하고, 눈은 침침해져서 보는 것마저 힘겹고, 4 귀는 먹어 바깥에서 나는 소리도 못 듣고, 맷돌질 소리도 희미해지고, 새들이 지저귀는 노랫소리도 하나도 들리지 않을 것이다. 5 높은 곳에는 무서워서 올라가지도 못하고, 넘어질세라 걷는 것마저도 무서워질 것이다. 검은 머리가 파뿌리가 되고, 원기가 떨어져서 보약을 먹어도 효력이 없을 것이다. 사람이 영원히 쉴 곳으로 가는 날, 길거리에는 조객들이 오간다. 6 은사슬이 끊어지고, 금그릇이 부서지고, 샘에서 물 뜨는 물동이가 깨지고, 우물에서 도르래가 부숴지기 전에, 네 창조주를 기억하여라. 7 육체가 원래 왔던 흙으로 돌아가고, 숨이 그것을 주신 하나님께

콕 집어 '젊을 때'(1절)라고 한 이유는 무엇입니까? 늘 창조주를 기억하라고 해야 맞는 게 아닌가요? 이 구절은 이전 11장 9~10절과 연결되어 있습니다. 젊은 시절 즐거워하고 기뻐하며 지내되, 하나님께서 심판하심을 기억해야 합니다. 이것을 여기서는 창조주를 기억하라는 말로 표현합니다. 우리 생명의 창조주가 계시니 우리 삶을 마침내 거두시는 분도 그분이십니다. 2절은 온 세상이 어두워지는 날을 말하고, 3~7절은 인생에게 마침내 닥쳐올 죽음의 날을 은유로 표현합니다. 모든 인생은 마침내 그 삶을 끝낸 후, 모든 것을 주었고 심판하실 창조수 앞에 서게 될 것입니다. 젊은 날을 즐거워하되 우리 삶의 끝을 기억하는 것, 그리고 모든 것을 주신 창조주를 기억하는 것이 전도자에게는 참으로 지혜로운 삶입니다.

로 돌아가기 전에, 네 창조주를 기억하여라. 8 전도자가 말한다. 헛되고 헛되다. 모든 것이 헛되다.

결론

9 ○ 전도자는 지혜로운 사람이기에, 백성에게 자기가 아는 지식을 가르쳤다. 그는 많은 잠언을 찾아내서, 연구하고 정리하였다. 10 전도자는 기쁨을 주는 말을 찾으려고 힘썼으며, 참되게 사는 길을 가르치는 말을 찾으면 그것을 바르게 적어놓았다.

11 ○ 지혜로운 사람의 말은 찌르는 채찍 같고, 수집된 잠언은 잘 박힌 못과 같다. 이 모든 것은 모두 한 목자가 준 것이다.

12 ○ 한마디만 더 하마. 나의 아이들아, 조심하여라. 책은 아무리 읽어도 끝이 없고, 공부만 하는 것은 몸을 피곤하게 한다.

13 ○ 할 말은 다 하였다. 결론은 이것이다. "하나님을 두려워하여라. 그분이 주신 계명을 지켜라. 이것이 바로 사람이 해야할 의무다. 14 하나님은 모든 행위를 심판하신다. 선한 것이든 악한 것이든 모든 은밀한 일을 다 심판하신다."

'그분이 주신 계명'(13절)이란 무엇입니까? 십계명인가요? 고대 이스라엘에게 하나님이 주신 계명은 창세기부터 신명기에 이르는 다섯 권의 책, '오경'이라 불리는 책 전체를 가리킵니다. 십계명은 이렇게 오경에 실린 계명 전체를 대표해 상징하는 것으로 볼 수 있습니다. 오경이든 십계명이든, 궁극적으로는 하나님께서 그 백성에게 주신 가르침, 올바른 삶을 위한 가르침 전체를 가리킵니다. 미래를 다 알 수 없어서 때로 헛됨을 발견하지만, 전도자는 지금 주어진 삶의 행복을 누리고 즐기며 살되, 지금 할 수 있는 대로 하나님의 계명을 기억하고 실천하며 살아가는 삶을 권면합니다. 이것이 현재 우리에게 주어진 전도서의 결론입니다.

구텐베르크 성경으로 본 전도서의 일부

아가

Song of Songs

사랑,
그 영원한
본질

아가를 읽으면서 '영적인 의미'에만 몰두할 것이 아니라
사랑 그 자체, 서로의 육체를 노래하고 갈망하며
서로에게 안기기를 원하고 사랑하며 사랑받기를 열망하는
그 사랑 자체를 누리고 느끼고 음미하면 좋겠습니다.
그 사랑으로 우리가 사랑하는 이들과 나눌 수 있으면 좋겠습니다.
그 사랑이 깊어질 때
그리스도를 향한 사랑도 더 깊이 깨닫게 될 것입니다.

이 책 아가(雅歌)가 전도서 다음에 오게 된 것은 두 책 모두 솔로몬을 떠올리게 하거나 솔로몬의 이름이 붙어 있는 책이기 때문일 것입니다. 그러나 성경 첫머리에 실린 이름을 굳이 저자와 연결시키는 것은 지나치게 현대적인 사고방식에서 비롯된 것입니다. 굳이 현대적으로 표현해보자면, 솔로몬이 주인공으로 등장하는 영화와 같은 것을 생각하는 게 좀 더 자연스러울 것 같습니다.

그 이름이 나오지 않아도, 그 앞에서 살아가는

아가에는 하나님에 대한 언급이 전혀 나오지 않고, 출애굽 사건이나 하나님과 그 백성 사이의 언약, 계명과 율법에 대한 내용도 전혀 나오지 않습니다. 그래서 이런 책이 어떻게 성경에 들어 있는지 의문을 품게 되고, 거꾸로 이런 책이 성경에 들어 있다는 점에서 성경 내용의 다양성을 단적으로 이해할 수 있기도 합니다.

이렇게 하나님이 언급되지 않은 또 다른 책으로 에스더기가 있습니다. 룻기의 경우 하나님이 언급되기도 하지만, 하나님께서 개입하시거나 말씀하시는 장면이 전혀 없다는 점에서 아가나 에스더기와 공통점이 있습니다. 이와 같은 책들은 하나님을 일절 말하지 않으면서, 하나님 앞에서 살아가는 삶을 보여준다는 점에서 특별한 가치를 지닙니다. 입만 열면 하나님과 예수님을 말한다고 해서 그리스도인인 것이 아니라, 이 책들처럼 하나님의 은혜도, 구속의 은총이나 십자가 은혜 같은 것도 전혀 말하지 않으면서 하나님의 사람으로 살아가는 삶이 있습니다.

사랑, 이토록 소중하고 절실한

아가의 중심 주제는 남녀 간의 사랑입니다. 이 책에는 모두 세 목소리가 등장합니다. 서로 사랑하는 남자와 여자가 등장하고, 이들을 둘러싼 친구들의 소리 혹은 합창단의 소리도 있습니다. 그래서 아가를 읽을 때 남자의 노래인지 여자의 노래인지, 아니면 합창단의 노래인지 잘 생각하며 읽어야 합니다. 히브리어 본문에는 이것이 표시되지 않았지만, 새번역 성경을 비롯한 현대어 번역들은 대체로 각 부분이 누구의 노래인지를 표시해두었습니다(그러다 보니 번역 성경마다 이에 대해 다소 차이가 있습니다). 각각의 노래는 그 나름의 모습으로 사랑을 표현하고 노래합니다.

남녀의 사랑을 다룬 아가는 두 사람이 만나고 사랑을 고백하며 마침내 결혼하기에 이르는 과정을 노래합니다. 두 사람은 관계에 어려움을 겪기도 하지만, 더 깊은 사랑으로 나아갑니다. 마지막 장에 있는 여인의 고백은 아가의 사랑을 잘 보여줍니다. "사랑은 죽음처럼 강한 것, 사랑의 시샘은 저승처럼 잔혹한 것, 사랑은 타오르는 불길, 아무도 못 끄는 거센 불길입니다. 바닷물도 그 사랑의 불길 끄지 못하고 강물도 그 불길 잡지 못합니다"(8:6-7).

이토록 뜨거운 남녀의 사랑을 다룬 아가는 어떻게 성경 안에 포함되었을까요? 아가는 하나님과 하나님 백성에 대해 무엇을 알려주는 책일까요? 첫 번째로 언급할 것은 잠언에서도 여러 번 보았던 지혜를 여성으로 의인화하는 표현법입니다. 어리석음을 상징하는 여인을 잠언은 낯선 여자, 음란한 여자로 표현하면서 지혜 여인의 초대를 전합니다. 그렇다면 아가는 지혜를 의인화한 여인과 그 지혜를 사랑하며 그 지혜의 사랑을 받는 사람 사이의 사랑, 결국 지혜에 대한 사랑을 노래한 책으로 이해할 수 있습니다.

두 번째로 이 책은 하나님과 그 백성 이스라엘의 사랑으로 이해할 수 있습니다. 고대 중동을 비롯한 고대 세계가 섬겼던 최고의 신들은 대개 그 배우자를 지닙니다. 그러나 고대 이스라엘의 하나님에게는 배우자가 없습니다. 하나님은 남성형 대명사로 표현되지만, 결코 '남자'가 아닙니다. 대신 구약성경 곳곳에 하나님께서 그 백성 이스라엘과 결혼하셨다는 표현이 있습니다. 하나님께서는 이스라엘을 향해 "너는 내 것이라"는 결혼관계를 표현하는 말로 이르십니다(출 19:5; 사 43:1; 겔 16:8). 예언자 호세아, 예레미야, 에스겔은 하나님과 이스라엘의 결혼관계를 매우 직접적으로 표현하기도 합니다(호 2:18-20; 렘 2:2; 3:8; 겔 16:8-13).

이러한 맥락에서 주후 1세기 이래 기독교는 그리스도와 교회의 사랑으로 아가를 이해하기도 했습니다. 가령, 에베소서에서 바울은 부부의 사랑을 이야기하다가 자연스럽게 그리스도는 신랑으로, 교회는 신부로 표현하면서 서로를 향한 사랑과 순종을 이야기합니다(엡 5:22-33). 마지막 날에 믿음을 지킨 성도는 어린 양이신 그리스도의 신부가 됩니다(계 14:4; 19:7-9; 21:9)

세 번째로 아가는 내용 그대로 남녀 간의 사랑을 노래하는 책으로 이해할 수 있습니다. 사실, 앞선 두 해석은 모두 이 세 번째 이해에 기반을 둡니다. 남녀의 뜨거운 사랑을 묘사한 아가가 왜 성경에 포함되었는가를 물으면서 지혜로운 삶으로의 초대 혹은 하나님과 그 백성의 결합으로 이해하는 것이 생겨났다는 말입니다. 고대와 중세에는 처음 두 해석이 지배적이었지만, 오늘날에는 아가에 담긴 남녀의 사랑 그 자체에 좀 더 주목합니다. 남녀 사이의 사랑, 그것도 꽤나 육체적인 사랑이 천하고 무가치한 욕망 같은 것이 아니라, 이토록 소중하고 절실한 것임을 아가는 잘 보여줍니다.

아가를 성경으로 포함한 기독교는 육체적 사랑이 포함된 남녀의 결합을 가장 아름답고 소중한 것으로 선언합니다. 이 사랑이 얼마나 소중한지, 심지어 하나님과 그 백성, 그리스도와 그 교회의 사랑으로 해석할 수 있을 정도라는 것입니다.

그러므로 아가를 읽으면서 '영적인 의미'에만 몰두할 것이 아니라 사랑 그 자체, 서로의 육체를 노래하고 갈망하며 서로에게 안기기를 원하고 사랑하며 사랑받기를 열망하는 그 사랑 자체를 누리고 느끼고 음미하면 좋겠습니다. 그 사랑으로 우리가 사랑하는 이들과 나눌 수 있으면 좋겠습니다. 그 사랑이 깊어질 때 그리스도를 향한 사랑도 더 깊이 깨닫게 될 것입니다.

{ 제1장 }

포도주보다 나은 사랑

1 솔로몬의 가장 아름다운 노래

(여자) 2 나에게 입 맞춰주세요, 숨 막힐 듯한 임의 입술로. 임
의 사랑은 포도주보다 더 달콤합니다. 3 임에게서 풍기
는 향긋한 내음, 사람들은 임을 쏟아지는 향기름이라고
부릅니다. 그러기에 아가씨들이 임을 사랑합니다. 4 나
를 데려가주세요, 어서요. 임금님, 나를 데려가세요, 임
의 침실로.

(친구들) 우리는 임과 더불어 기뻐하고 즐거워하며, 포도주보
다 더 진한 임의 사랑을 기리렵니다. 아가씨라면 누
구나 임을 사랑할 것입니다.

(여자) 5 예루살렘의 아가씨들아, 내가 검어서 예쁘단다. 게달
의 장막 같고 솔로몬의 휘장 같다는구나. 6 내가 검다

여자, 친구들, 남자가 이야기를 이끌어갑니다. 어떤 인물들이고 어떤 의미를 갖습니
까? 아가에는 세 개의 서로 다른 목소리가 있습니다. 이 가운데 둘은 주인공인 여자
와 남자이고, 또 다른 목소리는 친구들 혹은 합창단의 목소리입니다. 현재 우리가 보
는 아가는 이처럼 일종의 오페라 혹은 노래극처럼 짜여 있습니다. 히브리어 성경에
는 이와 같은 다른 소리에 대한 표시가 나타나 있지 않으나, 새번역 성경을 비롯한
번역 성경은 독자를 위해 각각의 소리를 표시했습니다. 그러나 번역 성경마다 약간
씩 차이가 있으니 이와 같은 구분을 너무 절대적으로 여기지는 않는 것이 좋겠고, 나
라면 이 부분은 누구의 소리일 것 같은지 달리 상상해볼 수도 있습니다.

고, 내가 햇볕에 그을렸다고, 나를 깔보지 말아라. 오빠들 성화에 못 이겨서, 나의 포도원은 버려둔 채, 오빠들의 포도원들을 돌보느라고 이렇게 된 것이다. 7 사랑하는 그대여, 나에게 말하여주세요. 임은 어디에서 양 떼를 치고 있습니까? 대낮에는 어디에서 양 떼를 쉬게 합니까? 양 떼를 치는 임의 동무들을 따라다니며, 임이 있는 곳을 물으며 헤매란 말입니까?

(친구들) 8 여인들 가운데서도 빼어나게 아리따운 여인아, 네가 정말 모르겠거든, 양 떼의 발자취를 따라가거라. 양치기들이 장막을 친 곳이 나오거든, 그 곁에서 너의 어린 염소 떼를 치며 기다려보아라.

(남자) 9 나의 사랑 그대는 바로의 병거를 끄는 날랜 말과도 같소. 10 땋은 머리채가 흘러내린 임의 두 볼이 귀엽고, 구슬 목걸이 감긴 임의 목이 아름답소.

(친구들) 11 금사슬에 은구슬을 박은 귀고리를 우리가 너에게

'게달의 장막'과 '솔로몬의 휘장'(5절)은 여자의 어떤 모습을 설명합니까? 게달은 주전 8–4세기 무렵 아라비아사막 유목민 가운데 가장 힘센 민족이었으며, 그들의 장막은 검정 염소 가죽으로 만들어졌을 것으로 여겨집니다. '솔로몬의 휘장'에 쓰인 '휘장'은 염소 털로 만든 성막 휘장(출 26:7)을 떠올리게 한다고 볼 수 있습니다. 게달과 솔로몬 모두 당대의 강한 세력임을 생각하면, 겉으로는 검은색이되 아름다운 여성을 그 두 표현이 나타낸다고 볼 수 있습니다. 아가가 남자의 흰 피부를 찬양하는 것(5:10)과 비교해보면, 이 여인은 자신의 피부가 검어도 조금도 부끄러워하지 않고 자신이 아름답다고 표현하는 것을 알 수 있습니다.

만들어주마.

(여자) 12 임금님이 침대에 누우셨을 때에, 나의 나도기름이
향기를 내뿜었어요. 13 사랑하는 그이는 나에게 가슴에
품은 향주머니라오. 14 사랑하는 그이는 나에게 엔게디
포도원의 고벨 꽃송이라오.

(남자) 15 아름다워라, 나의 사랑. 아름다워라, 비둘기 같은 그
눈동자.

(여자) 16 나의 사랑, 멋있어라. 나를 이렇게 황홀하게 하시는
그대! 우리의 침실은 푸른 풀밭이라오.

(남자) 17 우리 집 들보는 백향목이요, 우리 집 서까래는 전나
무라오.

{ 제2장 }

사랑은 모든 것을 아름답게 만든다

(여자) 1 나는 샤론의 수선화, 골짜기에 핀 나리꽃이라오.

(남자) 2 가시덤불 속에 핀 나리꽃, 아가씨들 가운데서도 나의
사랑 그대가 바로 그렇소.

(여자) 3 숲속 잡목 사이에 사과나무 한 그루, 남자들 가운데서
도 나의 사랑 임이 바로 그렇다오. 그 그늘 아래 앉아서,
달콤한 그 열매를 맛보았어요. 4 임은 나를 이끌고 잔칫
집으로 갔어요. 임의 사랑이 내 위에 깃발처럼 펄럭이어
요. 5 "건포도 과자를 주세요. 힘을 좀 내게요. 사과 좀
주세요. 기운 좀 차리게요. 사랑하다가, 나는 그만 병들
었다오." 6 임께서 왼팔로는 나의 머리를 고이시고, 오른
팔로는 나를 안아주시네. 7 "예루살렘의 아가씨들아, 노
루와 들사슴을 두고서 부탁한다. 우리가 마음껏 사랑하

여사는 자신을 골짜기에 핀 나리꽃으로, 남자는 여인을 가시덤불 속에 핀 나리꽃(1-2
절)으로 그립니다. 어떤 차이가 있습니까? 골짜기와 같은 지형에 나리꽃은 무수히
피어납니다. 1장에서 남자가 자신의 아름다움을 찬미하자, 여인은 자신을 골짜기의
나리꽃, 즉 수많은 꽃들 가운데 하나일 뿐이라고 낮추어 표현합니다. 그러나 남자는
여인을 향해 당신은 '가시덤불 속에 핀 나리꽃'이라 말합니다. 당신이 나리꽃이라면
다른 여성은 모두 가시덤불이라는 의미입니다. 한자말 '군계일학'을 떠올리게 합니
다. 가시덤불은 황폐함의 상징입니다. 남자는 여인을 향해 당신은 그 모든 황폐함과
메마름 중에 홀로 생명력 넘치는 아름다운 이라고 노래합니다.

기까지는, 흔들지도 말고 깨우지도 말아 다오."

겨울은 지나고

8 아, 사랑하는 임의 목소리! 저기 오는구나. 산을 넘고 언덕을 넘어서 달려오는구나. 9 사랑하는 나의 임은 노루처럼, 어린 사슴처럼 빠르구나. 벌써 우리 집 담 밖에 서서 창틈으로 기웃거리며, 창살 틈으로 엿보는구나. 10 아, 사랑하는 이가 나에게 속삭이네.

(남자) 나의 사랑 그대, 일어나오. 나의 어여쁜 그대, 어서 나오오. 11 겨울은 지나고, 비도 그치고, 비구름도 걷혔소. 12 꽃 피고 새들 노래하는 계절이 이 땅에 돌아왔소. 비둘기 우는 소리, 우리 땅에 들리오. 13 무화과나무에는 푸른 무화과가 열려 있고, 포도나무에는 활짝 핀 꽃이 향기를 내뿜고 있소. 일어나 나오오. 사랑하는 임이여! 나의 귀여운 그대, 어서 나오오. 14 바위틈에 있는 나의 비둘기여, 낭떠러지 은밀한 곳에 숨은 나의 비둘기여, 그대의 모습, 그

15절에 나오는 포도원을 망가뜨리는 여우 떼는 무엇을 상징합니까? '꽃이 한창인 우리 포도원'은 사랑하는 여성을 가리키는 은유일 것입니다. 그 포도원을 망치는 존재인 여우는 가장 아름다운 시기를 맞은 이 여성을 노리며 두 사람의 사랑을 방해하는 존재를 상징한다고 볼 수 있습니다. 이제 만나서 서로의 사랑을 확인해가는 남자와 여자, 그 두 사람 사이를 방해하고 위태롭게 만드는 관계의 위기가 여우로 표현되었습니다. '새끼 여우'라는 것은 작고 사소하게 시작하지만 실제로는 전체를 흔들수 있음을 표현한다고 볼 수 있습니다. 사랑하는 남녀 사이는 그렇게 아주 사소한 것들로 무너지는 경우가 종종 있지 않나요?

사랑스런 모습을 보여주오. 그대의 목소리, 그 고운 목소
리를 들려주오. 15 "여우 떼를 좀 잡아주오. 꽃이 한창인
우리 포도원을 망가뜨리는 새끼 여우 떼를 좀 잡아주오."

(여자) 16 임은 나의 것, 나는 임의 것. 임은 나리꽃 밭에서 양
을 치네. 17 날이 저물고 그림자가 사라지기 전에, 나의
임이여, 노루처럼 빨리 돌아와주세요. 베데르산의 날랜
사슴처럼 빨리 오세요.

{ 제3장 }

아름다운 꿈

(여자) 1 나는 잠자리에서 밤새도록 사랑하는 나의 임을 찾았
지만, 아무리 찾아도 그를 만나지 못하였다. 2 '일어나
서 온 성읍을 돌아다니며 거리마다 광장마다 샅샅이 뒤
져서 사랑하는 나의 임을 찾겠다'고 마음먹고, 그를 찾

꿈속에서 임을 만난 여인은 그를 어머니의 집으로 데려갑니다. '어머니가 나를 잉태하
던 바로 그 방'(4절)에는 어떤 의미가 담겨 있습니까? '어머니의 집'은 여인이 결혼
을 준비하는 곳(창 24:28; 룻 1:8)을 의미하며, 신랑과 신부의 첫날밤이 이루어지는
곳(창 24:67)이기도 합니다. 신부는 신랑을 '어머니의 집'(아 8:2)으로 이끕니다. 3장
1–5절은 결혼을 목전에 둔 여인이 그 전날 밤 자기 침상에서 자다가 사랑하는 이가
사라지는 꿈을 꾼 상황을 다루는 것 같습니다. 결혼을 앞두고 문득 사랑하는 이가 없
어지면 어떡하나 그런 불안을 이해할 수 있지 않습니까? 마침내 신랑을 찾았고, 두
사람은 '어머니의 집'에서 서로를 향한 깊은 사랑을 온전히 나누고 누립니다.

아 나섰지만 만나지 못하였다. 3 성 안을 순찰하는 야경꾼들을 만나서 "사랑하는 나의 임을 못 보셨어요?" 하고 물으며, 4 그들 옆을 지나가다가, 드디어 사랑하는 나의 임을 만났다. 놓칠세라 그를 꼭 붙잡고, 나의 어머니의 집으로 데리고 갔다. 어머니가 나를 잉태하던 바로 그 방으로 데리고 갔다. 5 예루살렘의 아가씨들아, 노루와 들사슴을 두고서 부탁한다. 우리가 마음껏 사랑하기까지는, 흔들지도 말고 깨우지도 말아 다오.

신랑이 오네

6 거친 들을 헤치며, 연기 치솟듯 올라오는 저 사람은 누구인가? 몰약과 유향 냄새 풍기며, 장사꾼들이 가지고 있는 온갖 향수 냄새 풍기며 오는구나. 7 아, 솔로몬이 탄 가마로구나. 이스라엘 장사 가운데서도 빼어난 용사 예순 명이 그를 호위하는구나. 8 모두들 칼로 무장했구나. 전쟁에 익숙한 군인들이 야간 기습에 대비하여 저마다 허리에 칼을 찼구나. 9 솔로몬 왕은 그 가마를 레

여인은 솔로몬의 가마를 상세하게 설명합니다(7-11절). 왜 갑자기 가마 이야기가 나오죠? 어디에 쓰는 가마인가요? 마침내 신랑과 신부가 결혼합니다! 그리고 저 가마는 신랑이 타고 오는 가마입니다. 여러 명의 들러리들이 신랑의 가마를 에워쌌고, 신랑은 그의 어머니가 씌워준 관을 쓴 채 화려하고 멋진 가마를 타고 신부에게로 옵니다. 여기에서 솔로몬 왕이 명시적으로 언급되지만, 굳이 실제로 솔로몬의 결혼식이라 생각하지 않아도 되겠지요. 그를 사랑하는 이 신부에게 신랑은 솔로몬 왕처럼 눈부시고 화려한 존재이며, 그가 탄 가마는 솔로몬 왕이 만든 가마일 것입니다. 아가 내내 '왕'은 사랑하는 그대를 상징하는 말로 볼 수 있습니다.

바논의 나무로 만들었구나. 10 기둥은 은으로 입히고, 닫집은 금으로 꾸미고, 자리에는 보랏빛 털을 깔았구나. 그 안은 사랑으로 가득 찼구나. 예루살렘의 아가씨들아, 11 시온의 딸들아, 나와서 보아라. 솔로몬 왕이다. 그가 결혼하는 날, 그의 마음이 한껏 즐거운 날, 어머니가 씌워준 면류관을 쓰고 계시네.

{ 제4장 }

아름다운 신부

(남자) 1 아름다워라, 나의 사랑! 아름다워라. 너울 속 그대의 눈동자는 비둘기 같고 그대의 머리채는 길르앗 비탈을 내려오는 염소 떼 같구나. 2 그대의 이는 털을 깎으려고 목욕하고 나오는 암양 떼같이 희구나. 저마다 짝이 맞아서, 빠진 것이 하나도 없구나. 3 그대의 입술은 붉은 실 같고, 그대의 입은 사랑스럽구나. 너울 속 그대의 볼은

망대니 방패니, 헷길리기만 합니다(1절). 도대체 여자의 목이 어떻게 생겼다는 건가요? 천 개나 되는 용사들의 방패를 걸어놓은 망대는 아마도 방패 모양의 구슬이 여러 열을 이루며 달린 목걸이를 걸고 있는 목을 가리키는 것 같습니다. 고대 이집트에서도 목이 긴 여성을 아름다움의 상징으로 보았다고 하니, 아마도 아가 본문 역시 그러한 아름다움을 말하는 것으로 볼 수 있습니다. 아울러 용사와 방패 같은 군사 용어를 굳이 사용했다는 점에서 여인의 아름다움이 그 어떤 가냘픔이나 연약함이 아니라 단단하고도 강건해 보였음도 내포하는 것 같습니다. 그 누구도 그녀를 쉬운 존재로 볼 수 없을 것입니다.

반으로 쪼개놓은 석류 같구나. 4 그대의 목은 무기를 두려고 만든 다윗의 망대, 천 개나 되는 용사들의 방패를 모두 걸어놓은 망대와 같구나. 5 그대의 가슴은 나리꽃 밭에서 풀을 뜯는 한 쌍 사슴 같고 쌍둥이 노루 같구나. 6 날이 저물고 그림자가 사라지기 전에, 나는 몰약 산으로 가려 하네. 유향 언덕으로 가려 하네. 7 아름답기만 한 그대, 나의 사랑, 흠잡을 데가 하나도 없구나. 8 레바논에서 오너라, 신부야! 레바논에서 오너라, 어서 오너라. 아마나 꼭대기에서, 스닐과 헤르몬 꼭대기에서, 사자들이 사는 굴에서, 표범들이 사는 언덕에서 내려오너라. 9 나의 누이, 나의 신부야! 오늘 나 그대에게 마음을 빼앗기고 말았다. 그대의 눈짓 한 번 때문에, 목에 걸린 구슬 목걸이 때문에, 나는 그대에게 마음을 빼앗기고 말았다. 10 나의 누이, 나의 신부야! 달콤한 그대의 사랑, 그대의 사랑은 포도주보다 더 나를 즐겁게 한다. 그대가 풍기는 향내보다 더 향기로운 향기름이 어디 있느냐! 11 나의 신부야, 그대의 입술에서는 꿀이 흘러나오고, 그대의 혀 밑에는 꿀과 젖이 고여 있다. 그대의 옷

남자는 여자에게 흠잡을 데가 하나도 없다(7절)고 하지만, 여자는 검은 피부를 남들이 깔볼까 걱정합니다(1:6). 여인은 정말 완벽히 아름다운 신붓감이었던 걸까요? 여인은 자신을 골짜기에 핀 나리꽃이라 표현했습니다. 그러나 이 여성을 사랑하는 남자의 눈에 이 여성의 아름다움은 흠잡을 데가 하나도 없었습니다. 부모가 자녀를 바라볼 때 흠 없이 아름다울 것입니다. 연인이 다른 연인을 볼 때도 마찬가지입니다. 나아가 하나님께서 사람을 보실 때도 흠 없이 아름답게 여기십니다. 갓난아기에게 흠이 있어도 부모에게 아무 문제가 되지 않고, 연인에게 흠이 있겠지만 그것이 사랑하는 연인에게는 아무 문제가 되지 않습니다. 우리를 향한 하나님의 눈도 그러하겠지요.

자락에서 풍기는 향내는 레바논의 향기와 같다. 12 나의 누이 나의 신부는 문 잠긴 동산, 덮어놓은 우물, 막아버린 샘. 13 그대의 동산에서는 석류와 온갖 맛있는 과일, 고벨꽃과 나도풀, 14 나도풀과 번홍꽃, 창포와 계수나무 같은 온갖 향나무, 몰약과 침향 같은 온갖 귀한 향료가 나는구나. 15 그대는 동산에 있는 샘, 생수가 솟는 우물, 레바논에 흐르는 시냇물이다.

(여자) 16 북풍아, 일어라. 남풍아, 불어라. 나의 동산으로 불어오너라. 그 향기 풍겨라. 사랑하는 나의 임이 이 동산으로 와서 맛있는 과일을 즐기게 하여라.

{ 제5장 }

(남자) 1 나의 누이, 나의 신부야! 나의 동산으로 내가 찾아왔다. 몰약과 향료를 거두고, 꿀과 꿀송이를 따 먹고, 포도주와 젖도 마셨다.

몰약과 향료 이야기가 자주 나옵니다. 몰약은 무엇이고, 어떤 의미로 쓰였습니까?
몰약은 나무에서 취한 물질로 향을 내는 향료입니다(4:14). 아기 예수를 찾아온 동방박사들이 가져온 선물 중에도 몰약이 있었습니다(마 2:11). 이 구절에 있는 '나의 동산'은 남자가 사랑하는 여자의 몸을 상징합니다. 두 남녀는 결혼했고(3장), 5장 1절에서 마침내 완전히 결합해 한 몸이 됩니다. 몰약과 향료, 꿀과 꿀송이, 포도주와 젖은 여인의 몸을 통해 남자가 얻고 누리는 기쁨과 즐거움을 상징합니다. 이처럼 아가는 남녀의 육체적인 결합에 대해 조금도 부정적이지 않으며, 아름답고 행복하고 기쁜 것으로 묘사합니다.

(친구들) 먹어라, 마셔라, 친구들아! 사랑에 흠뻑 취하여라.

꿈

(여자) 2 나는 자고 있었지만, 나의 마음은 깨어 있었다. 저 소리, 나의 사랑하는 이가 문을 두드리는 소리. "문 열어요! 나의 누이, 나의 사랑, 티 없이 맑은 나의 비둘기! 머리가 온통 이슬에 젖고, 머리채가 밤이슬에 흠뻑 젖었소." 3 아, 나는 벌써 옷을 벗었는데, 다시 입어야 하나? 발도 씻었는데, 다시 흙을 묻혀야 하나? 4 사랑하는 이가 문틈으로 손을 들이밀 때에, 아, 설레이는 나의 마음. 5 사랑하는 이를 맞아들이려고 벌떡 일어나서 몰약에 젖은 손으로, 몰약의 즙이 뚝뚝 듣는 손가락으로 문빗장을 잡았지. 6 사랑하는 이를 맞아들이려고 문을 열었지. 그러나 나의 임은 몸을 돌려 가버리네. 임의 말에 넋을 잃고 그를 찾아 나섰으나, 가버린 그를 찾을 수 없네. 불러도 대답이 없네. 7 성읍을 순찰하는 야경꾼들이 나를 때려서 상처를 입히고, 성벽을 지키는 파수꾼들이

6절부터 분위기가 급격히 냉랭해집니다. 임은 왜 가버린 걸까요? 어째서 야경꾼들은 여인에게 난폭하게 굴죠? 5장 1–5절을 남녀의 성적 결합을 가리킨다고 생각하며 읽으면 그 은유를 능히 상상할 수 있습니다. 이렇게 볼 때, 6–8절은 그러한 결합 이후 남녀가 겪는 위기 상황이라고 생각할 수 있습니다. 성관계 이전과 이후에 남녀가 대응하고 느끼는 방식은 매우 다르며, 본문은 그러한 것에 빗대어 사랑하는 남녀 사이에 닥치는 위기를 다룬다고 볼 수 있습니다. 야경꾼들이 학대하는 장면은 그러한 위기 상황이 가져다주는 아픔, 괴로움을 가리킨다고 읽을 수 있습니다. 이 모든 아픔은 8절에서 말하듯 '사랑 때문에 병든 것'이라 할 수 있습니다.

나의 겉옷을 벗기네. 8 부탁하자, 예루살렘의 아가씨들
아, 너희가 나의 임을 만나거든, 내가 사랑 때문에 병들
었다고 말하여다오.

(친구들) 9 여인들 가운데서도 빼어나게 예쁜 여인아, 너의 임
이 다른 임보다 무엇이 더 나으냐? 너의 임이 어떤
임이기에, 네가 우리에게 그런 부탁을 하느냐?

(여자) 10 나의 임은 깨끗한 살결에 혈색 좋은 미남이다. 만인
가운데 으뜸이다. 11 머리는 정금이고, 곱슬거리는 머리
채는 까마귀같이 검다. 12 그의 두 눈은 흐르는 물가에
앉은 비둘기. 젖으로 씻은 듯, 넘실거리는 못가에 앉은
모습이다. 13 그의 두 볼은 향기 가득한 꽃밭, 향내음 풍
기는 풀언덕이요, 그의 입술은 몰약의 즙이 뚝뚝 듣는
나리꽃이다. 14 그의 손은 가지런하고, 보석 박은 반지
를 끼었다. 그의 허리는 청옥 입힌 상아처럼 미끈하다.
15 그의 두 다리는 순금 받침대 위에 선 대리석 기둥이
다. 그는 레바논처럼 늠름하고, 백향목처럼 훤칠하다.

여자가 설명하는 남자의 모습이 너무나 굉장해서 비현실적입니다. 여인은 무슨 뜻으
로 이렇게 온갖 미사여구를 늘어놓는 걸까요? 위기 이후에 서로를 향한 사랑이 더
깊어졌고, 서로의 소중함과 아름다움을 더욱 깊이 깨달았음을 보여준다고 할 수 있습니
다. 남자를 향한 여자의 찬미가 여기에 있고, 여자를 향한 남자의 찬미는 6장에 나옵니다.
어려움을 겪으면서 상대방이 자신의 삶에서 얼마나 소중한지를 알게 되었을 것이고, 온
갖 찬미와 말들은 그 마음의 외적 표현이겠습니다. 실제로 이 남자가 이렇게 생겼는가는
전혀 중요하지 않습니다. 그를 사랑하는 여인에게, 그의 소중함을 깨닫고 그와 하나가 된
여인에게, 그의 모든 부분은 그야말로 아름다움일 것입니다.

16 그의 입 속은 달콤하고, 그에게 있는 것은 모두 사랑
스럽다. 예루살렘의 아가씨들아, 이 사람이 바로 나의
임, 나의 친구이다.

.

{ 제6장 }

(친구들) 1 여인들 가운데서도 빼어나게 아리따운 여인아, 너
의 임이 간 곳이 어디냐? 너의 임이 간 곳이 어딘지
우리가 함께 임을 찾아 나서자.

(여자) 2 나의 임은, 자기의 동산, 향기 가득한 꽃밭으로 내려
가서, 그 동산에서 양 떼를 치면서 나리꽃을 꺾고 있겠
지. 3 나는 임의 것, 임은 나의 것. 임은 나리꽃 밭에서
양을 치네.

(남자) 4 나의 사랑 그대는 디르사처럼 어여쁘고, 예루살렘처

6장 13절에 나오는 술람미의 아가씨란 누굴 가리킵니까? 어디에 갔기에 친구들이
돌아오길 청하고 있습니까? '술람미'는 성경 전체 가운데 이곳에 단 한 번 나오는
단어라서 정확히 파악하기 어렵습니다. 수넴 여인 아비삭(왕상 1:1-4; 2:13-25)이나
고대 중동 여신 이쉬타르를 가리키는 또 다른 이름인 '술마니투'에서 비롯되어 '술람
미'는 '아름다움'의 대명사로 여겨진다는 견해가 있고, '완전'을 뜻하는 '살렘'에서 비
롯된 것으로 '완전한 자'를 뜻한다는 견해도 있습니다. 무엇보다도 아가 속의 주인공
이 솔로몬에 비견되기에, 솔로몬의 상대역으로 솔로몬과 같은 자음을 사용하되 여성
형 명사인 '술람미'를 쓴 것이라고 볼 수도 있습니다. 이 부분은 친구들로 표현된 코
러스가 부르는 것으로, 사랑하는 남자와 연합한 여성을 향해 우리 모두가 그 완전함
을 볼 수 있도록 자신들에게 몸을 돌려달라고 청하는 것으로 이해할 수 있습니다.

럼 곱고, 깃발을 앞세운 군대처럼 장엄하구나. 5 그대의 눈이 나를 사로잡으니, 그대의 눈을 나에게서 돌려다오. 그대의 머리채는 길르앗 비탈을 내려오는 염소 떼 같구나. 6 그대의 이는 털 깎으려고 목욕하고 나오는 암양 떼같이 희구나. 저마다 짝이 맞아서 빠진 것이 하나도 없구나. 7 너울 속 그대의 볼은 반으로 쪼개어놓은 석류 같구나. 8 왕비가 예순 명이요, 후궁이 여든 명이요, 궁녀도 수없이 많다마는, 9 나의 비둘기, 온전한 나의 사랑은 오직 하나뿐, 어머니의 외동딸, 그를 낳은 어머니가 귀엽게 기른 딸, 아가씨들이 그를 보고 복되다하고, 왕비들과 후궁들도 그를 칭찬하는구나. 10 "이 여인이 누구인가? 새벽처럼 밝고, 보름달처럼 환하고, 해처럼 눈부시고, 깃발을 앞세운 군대처럼 장엄하구나." 11 골짜기에서 돋는 움들을 보려고, 포도나무꽃이 피었는지 석류나무 꽃송이들이 망울졌는지 살펴보려고, 나는 호도나무 숲으로 내려갔다네. 12 나도 모르는 사이에, 나는 어느덧 나의 마음이 시키는 대로 왕자들이 타는 병거에 올라앉아 있네.

"그대들은 어찌하여 마하나임 춤마당에서 춤추는 술람미의 아가씨를 보려 하는가?"(13절). '마하나임 춤마당에서 춤추는 술람미의 아가씨'는 또 무슨 뜻입니까? 누군가를 지목해서 보라는 말인가요? 이 표현 역시 정확히 무엇을 가리키는지 알지 못하며, 논란이 분분한 대목입니다. 마하나임은 지명이기도 하지만(예, 창 32:2; 삼하 17:24-27), 군대와 연관해 '두 개의 진영'이라는 뜻도 있습니다. 두 편에서의 춤이라는 점에서, 사람의 시선을 확 끌어당기는 매혹적인 춤이 이 표현의 배경이라고 볼 수 있습니다. 그래서 13절 후반부는 이제 남자가 노래하는 주체로 나서서, 매력적인 춤을 보려고 자신의 여인을 지켜보는 청중에게 말하는 것으로 이해할 수 있습니다.

(친구들) 13 술람미의 아가씨야, 돌아오너라, 돌아오너라. 눈
부신 너의 모습을 우리가 좀 볼 수 있게, 돌아오너라,
돌아오너라. 술람미의 아가씨야.

(남자) 그대들은 어찌하여 마하나임 춤마당에서 춤추는 술람
미의 아가씨를 보려 하는가?

제7장

결혼식 춤

(친구들) 1 귀한 집 딸아, 신을 신은 너의 발이 어쩌면 그리도
예쁘냐? 너의 다리는 숙련공이 공들여 만든 패물 같
구나. 2 너의 배꼽은, 섞은 술이 고여 있는 둥근 잔 같
구나. 너의 허리는 나리꽃을 두른 밀단 같구나. 3 너
의 가슴은 한 쌍 사슴 같고 쌍둥이 노루 같구나. 4 너
의 목은 상아로 만든 탑 같고, 너의 눈은 바드랍빔 성
문 옆에 있는 헤스본 연못 같고, 너의 코는 다마스쿠
스 쪽을 살피는 레바논의 망대 같구나. 5 너의 머리는
영락없는 갈멜산, 늘어뜨린 너의 머리채는 한 폭 붉은
공단, 삼단 같은 너의 머리채에 임금님도 반한다.

(남자) 6 오 나의 사랑, 나를 기쁘게 하는 여인아, 그대는 어찌

발부터 시작해서 다리, 배꼽, 허리, 가슴, 목, 얼굴로 훑어 올라가며 여인의 모습을 자
못 농염하게 설명합니다. 성경에 들어가기엔 너무 야하지 않은가요? 아가는 남녀의
사랑이 그저 정신적인 어떤 것이 아니라 마음과 육체가 완전히 함께하는 것임을 일
관되게 노래합니다. 여성의 몸은 사랑하는 이가 보기에 그 자체로 곳곳마다 아름답
고 매력적이고 관능적입니다. 여성의 몸에 대한 묘사가 때로 '야하다'고 생각하는
것은 서로가 사랑 안에서 합의해 하나 되는 것과는 무관하게 상대방의 동의 없이
일방적으로 상대를 다루는 포르노 같은 것의 영향일 수도 있습니다. 우리 사회에서
발생하는 일방적인 성폭행과 성추행은 여성과 남성의 아름답고 존귀한 육체의 결
합을 끔찍한 폭력으로 전락시킵니다. 이에 대한 반작용으로 아예 성에 대한 언급 자
체를 음란한 것으로 여기기도 합니다. 그러나 아가는 서로 사랑하는 두 사람의 성적
결합이 얼마나 아름다운지 보여줍니다.

그리도 아리땁고 고운가? 7 그대의 늘씬한 몸매는 종려
나무 같고, 그대의 가슴은 그 열매 송이 같구나. 8 "이
종려나무에 올라가 가지들을 휘어잡아야지." 그대의 가
슴은 포도송이, 그대의 코에서 풍기는 향내는 능금 냄
새, 9 그대의 입은 가장 맛 좋은 포도주.

(여자) 잇몸과 입술을 거쳐서 부드럽게 흘러내리는 이 포도주를
임에게 드려야지. 10 나는 임의 것, 임이 그리워하는 사람
은 나. 11 임이여, 가요. 우리 함께 들로 나가요. 나무 숲
속에서 함께 밤을 보내요. 12 이른 아침에 포도원으로 함
께 가요. 포도 움이 돋았는지, 꽃이 피었는지, 석류꽃이
피었는지, 함께 보러 가요. 거기에서 나의 사랑을 임에게
드리겠어요. 13 자귀나무가 향기를 내뿜어요. 문을 열고
들어오면 온갖 열매 다 있어요. 햇것도 해묵은 것도, 임이
여, 내가 임께 드리려고 고이 아껴둔 것들이라오.

"자귀나무가 향기를 내뿜어요. 문을 열고 들어오면 온갖 열매 다 있어요. 햇것도 해묵
은 것도, 임이여, 내가 임께 드리려고 고이 아껴둔 것들이라오"(13절). 여기서 '햇것'과
'해묵은 것'은 무얼 의미합니까? 첫머리에 '자귀나무'로 번역된 단어는 달리 '합환
채'로 옮길 수 있는데, 이는 12절에 있는 '사랑'과 같은 어근에서 비롯된 단어로, 남
녀의 사랑과 육체적 결합을 자극해 돕는 식물을 가리킵니다(창 30:14-16). 이로 보
건대, 이 구절은 두 사람의 성적인 결합을 가리킵니다. 이 맥락에서라면 '햇것'과 '해
묵은 것'은 남녀의 성을 통해 아직 경험하지 못한 즐거움과 이미 경험했던 즐거움
모두를 가리키는 것이라고 볼 수 있습니다. 참으로 아가 저자는 남녀의 성적 결합을
아름다운 것으로 표현하며 서로 마음껏 누리도록 초대합니다.

{ 제8장 }

그대와 나

(여자) 1 아, 임께서 어머니 젖을 함께 빨던 나의 오라버니라면, 내가 밖에서 임을 만나 입 맞추어도 아무도 나를 천하게 보지 않으련만. 2 우리 어머니 집으로 그대를 이끌어 들이고, 내가 태어난 어머니의 방으로 데리고 가서, 향기로운 술, 나의 석류즙을 드리련만. 3 임께서 왼팔로는 나의 머리를 고이시고, 오른팔로는 나를 안아주시네. 4 예루살렘의 아가씨들아, 우리가 마음껏 사랑하기까지는 제발, 흔들지도 말고 깨우지도 말아 다오.

(친구들) 5 사랑하는 이에게 몸을 기대고, 벌판에서 이리로 오는 저 여인은 누구인가?

(여자) 사과나무 아래에서 잠든 임을 내가 깨워드렸지요. 임의 어머니가 거기에서 임을 낳았고, 임을 낳느라고 거기에

2장에서는 임을 사과나무에 빗대고, 여기서는 사과나무 아래에서 임을 깨워주었다(5절)고 합니다. 사과나무가 특별히 상징하는 바가 있습니까? 여인이 사랑하는 남자는 사과나무에 비유되고(2:3), 그를 향한 갈망으로 지친 여인을 회복시켜주는 것으로 사과가 사용되었습니다(2:5). 남자는 여인에게서 풍기는 냄새를 사과 냄새라고도 노래합니다(7:8). 두 사람의 사랑은 그야말로 사과로 표현되기에, 여기서 사과는 서로 완전히 하나 되고자 하는 갈망을 상징합니다. 나아가 본 구절에서는 사랑하는 남자의 어머니가 사과나무 아래에서 남자를 낳았다는 표현까지 있어서 사과나무가 남녀의 성적 결합을 상징한다는 것을 확인할 수 있습니다.

서 산고를 겪으셨다오. 6 도장 새기듯, 임의 마음에 나를 새기세요. 도장 새기듯, 임의 팔에 나를 새기세요. 사랑은 죽음처럼 강한 것, 사랑의 시샘은 저승처럼 잔혹한 것, 사랑은 타오르는 불길, 아무도 못 끄는 거센 불길입니다. 7 바닷물도 그 사랑의 불길 끄지 못하고, 강물도 그 불길 잡지 못합니다. 남자가 자기 집 재산을 다 바친다고 사랑을 얻을 수 있을까요? 오히려 웃음거리만 되고 말겠지요.

(친구들) 8 우리 누이가 아직 어려서 가슴이 없는데, 청혼이라도 받는 날이 되면, 누이에게 우리가 무엇을 해야 하나? 9 누이가 우아한 성벽이라면 우리가 은으로 망대를 세워주고, 누이가 아름다운 성문이라면 우리가 송백 널빤지로 입혀주마.

(여자) 10 나는 성벽이요, 나의 가슴은 망대 같습니다. 그래서

솔로몬의 포도밭과 여인의 포도밭 이야기(11-12절)가 불쑥 끼어든 까닭은 무엇입니까? 두 밭에는 어떤 의미가 담겨 있습니까? 아가에서 '동산'이 여인의 몸을 상징했음을 기억한다면(예, 4:12, 16), 여기에 있는 포도밭도 그렇게 볼 수 있습니다. 솔로몬의 포도원은 그의 다른 아내와 후궁을 가리키는 것일 수 있습니다. 솔로몬은 일천 후궁을 거느렸다고 합니다(왕상 11:3). 그러나 12절의 '나'에게는 내가 받은 포도밭만 있고, 소출도 솔로몬에 비해 겨우 오분의 일밖에 안 됩니다. 이러한 솔로몬과의 비교는 내게 있는 것을 초라하게 만드는 것이 아니라, 도리어 값으로 따질 수 없을 만큼 귀중하다는 점을 깨닫도록 이끕니다. 그래서 마지막 13-14절은 두 남녀가 주고받는 사랑의 대화로 마칩니다. 이 두 사람의 사랑은 솔로몬의 일천 후궁과는 다르지만, 그리스도와 교회의 사랑처럼 깊고 진실하며 그 무엇에도 비할 수 없습니다.

그가 날 그토록 좋아합니다. 11 솔로몬은 바알하몬에 포도밭이 있습니다. 그는 그 포도원을 소작인에게 주었지요. 사람마다 도조를 은 천 세켈씩 바치게 하였습니다. 12 나에게도 내가 받은 포도밭이 있습니다. 솔로몬 임금님, 천 세켈은 임금님의 것이고 이백 세켈은 그 밭을 가꾼 이들의 것입니다.

(남자) 13 동산 안에서 사는 그대, 동무들이 귀를 기울이니 그대의 목소리를 들려주오.

(여자) 14 임이여, 노루처럼 빨리 오세요. 향내 그윽한 이 산의 어린 사슴처럼, 빨리 오세요.

구약 한눈에 보기

창세기 우주와 세상 만물, 시간, 인류가 어디서 비롯되었으며 어떻게 존재하게 되었는지 설명한다. 한편으로는 하나님이 손수 인간을 빚어 만든 뜻은 무엇이며, 그 하나하나와 어떤 관계를 맺고 싶어 하는지, 인류를 향해 어떤 계획과 기대를 가지고 있으며 또 무얼 약속하는지, 그 약속이 어떻게 한 세대에서 다음 세대로 꿋꿋이 흘러내려 갔는지 그려낸다. 천지창조의 파노라마에서 출발해서, 약속을 간직한 야곱 일가가 기근을 피해 이집트로 내려가 정착한 내력으로 마감된다.

출애굽기 이집트에서 종살이를 하던 이스라엘 백성의 탈출기. 하나님은 모세라는 지도자를 내세워 가혹한 착취와 노역에 시달리던 이스라엘 백성을 건져내 약속의 땅으로 안내한다. 끝까지 거부하고 버티는 파라오에게 내린 열 가지 엄청난 재앙, 바다가 갈라져 길이 열리는 사건을 비롯해 하나님이 이스라엘 백성에게 베푼 갖가지 기적 등 흥미진진한 이야기들이 실려 있다. 두고두고 지키도록 하나님이 직접 정해준 여러 절기와 예배의식, 법률 제도 등도 볼 수 있다.

레위기 이스라엘 백성이 지켜야 할 규칙을 모은 법률서. 언약을 품은 백성이 깨끗한 삶과 마음으로 하나님과 친밀한 관계를 맺으며 살아갈 여러 방법을 구체적으로 제시한다. 하나님께 드리는 제사와 제물의 종류, 제사장의 자격과 권위, 정결한 짐승과 부정한 짐승, 성적인 규례, 결혼과 가정을 둘러싼 제도, 사형으로 다스려야 할 범죄, 땅의 소유권, 안식년과 희년 제도 등을 자세히 다룬다.

민수기 두 차례의 인구조사 기록을 밑그림으로 이스라엘 백성의 광야 생활을 따라간다. 종살이에서 풀려난 감격은 어느 결에 사라지고 불평과 불만이 이스라엘 백성 가운데 자리 잡는다. 원망은 모세와 그 가족, 그리고 실질적으로는 하나님을 향하기에 이르고, 마침내 온 백성이 불순종의 대가를 치르게 된다. 이집트에서 출발한 첫 세대는 영영 약속의 땅에 들어가지 못하고 광야에서 스러지고 만다.

신명기 약속의 땅을 코앞에 두고, 모세가 이스라엘 백성에게 남긴 마지막 당부. 모세는 이집트의 손아귀에서 벗어난 뒤로 40년에 걸쳐 광야를 떠돌았던 세월을 되짚는다. 하나님을 외면하고 우상을 숭배했던 죄를 지적하는 한편, 그럼에도 불구하고 조금도 부족함 없이 먹이고 입힌 하나님의 돌보심을 일깨운다. 이어서 율법의 가르침을 일일이 꼽아가며 하나님 앞에서 거룩하게 사는 일이 얼마나 중요한지 강조한다. 하나님의 법에 따르는 이가 누릴 축복과 거부하는 이에게 향하는 저주를 낱낱이 열거한다. 모세가 눈을 감으면서 이스라엘 역사도 새로운 국면으로 넘어간다.

여호수아기 새로운 지도자 여호수아를 따라 요단강을 건넌 이스라엘 백성의 가나안 정복기. 하나님의 능력에 힘입어 견고하기 이를 데 없는 여리고 성을 무너뜨리면서 시작된 정복 전쟁은 치열한 공방을 거듭하며 길게 이어진다. 하나님이 알려준 전투 원칙에 충실했을 때는 어김없이 승리를 거뒀지만, 자만해서 또는 속임수에 넘어가 명령을 어겼을 때는 막대한 피해를 입었다. 여호수아는 싸워 얻은 땅들을 각 지파에 나눠주고, 끝까지 하나님께 충실하겠다는 백성의 다짐을 받는다.

사사기 모세와 여호수아 이후, 이스라엘에 임금이 나오기 전까지 긴 세월 동안 백성을 다스렸던 숱한 지도자(사사)들의 이야기. 약속의 땅에 자리를 잡았지만, 이스라엘 백성은 누가 자신들의 참 하나님인지를 이내 잊고 말았다. 신앙은 흐트러지고, 우상숭배가 만연했다. 세상은 거칠어졌고, 틈만 나면 뭇 민족들의 침략과 압제에 시달렸다. 하나님은 그때마다 사사들을 세워 백성을 구출하고, 그분과 맺은 약속을 소중히 여기라고 요구한다.

룻기 사사 시대에 살았던 룻이라는 여인의 일대기. 독특하게도 주인공 룻은 히브리인이 아니었다. 멸시의 대상이었던 이방인, 그것도 이스라엘과 적대지간인 모압의 여인이어떻게 히브리 역사의 한 장을 차지하게 되었을까? 남편과 사별하고, 먹고살 길조차 막막했던 이방 여인이 율법이 정한 의무를 충실히 이행하려는 진실한 사내와 만나 건강하고 안정된 삶을 회복하는 이 단순한 이야기가 오늘을 사는 우리에게 전하는 메시지는 무엇일까?

사무엘기상 사사의 시대가 마무리되고 왕의 통치가 시작되는 시기의 거대한 역사 드라마. 주요 등장인물은 사무엘, 사울, 다윗이다. 일찌감치 제사장 손에 맡겨져 성전에서 살았던 사무엘은 곧바른 사사로 성장하고, 이스라엘의 왕정을 여는 중책을 맡는다. 첫 왕 사울은 뛰어난 자질을 가졌지만 제 힘과 능력을 과신한 탓에 서서히 몰락의 길을 걷는다. 하나님의 명령에 따라 사무엘은 다시 다윗에게 기름을 붓고 왕위를 넘긴다. 저유명한 '다윗과 골리앗'의 한판 승부 이야기도 여기서 볼 수 있다.

사무엘기하 이스라엘 역사를 통틀어 가장 위대한 임금으로 꼽히는 다윗의 통치와 추락을 그린다. 난국을 진정시키고 왕위에 오른 그는 주변 국가들을 잇달아 굴복시키고 빼앗겼던 범궤를 되찾았으며, 영토를 크게 넓혀 강국으로 성장할 토대를 놓는다. 하지만 간통을 저지르고 충직한 부하를 사지에 내몰아 죽게 하는 치명적인 범죄를 저지르면서 단번에 추락하고 만다. 이윽고 사랑했던 아들이 반란을 일으키고, 함께 사지를 넘나들었던 신하들이 갈라져 서로 죽이는 비극적인 사태가 벌어진다.

열왕기상 솔로몬과 그 이후에 등장한 왕들, 그리고 걸출한 예언자들의 행적을 기록한책. 왕위 다툼의 최종 승자가 된 솔로몬은 통치 초기, 대대적인 제사를 드리고 웅장한성전을 건축하는 등 하나님을 향한 진심을 드러낸다. 하지만 명성과 권력이 드높아지자 초심을 잃고 백성에게 높은 세금과 힘든 노역을 강요하는 한편, 끝없는 정략결혼으로 동맹을 늘려간다. 결국 솔로몬이 눈을 감기 무섭게 왕국은 이스라엘과 유다로 갈라진다. 두 나라는 제각기 왕위를 이어가며 끝없이 부대낀다. 하나님은 엘리야를 통해 권능을 드러내 보이며 거룩한 약속을 상기시키고 회개를 촉구한다.

열왕기하 이스라엘과 유다 왕국이 차례로 무너져 내리는 쇠락의 역사를 다룬다. 하나님은 예언자들을 숱하게 보내 멸망을 경고하고 바른길로 돌아서길 요구하지만, 두 나라의 대다수 임금들은 귀를 단단히 틀어막고 거룩하지 못한 삶으로 오로지한다. 예언자 엘리야의 뒤를 이은 엘리사는 수없이 많은 기적들을 일으키고 개혁을 부르짖었지만, 보람을 얻지 못한다. 결국 북쪽 이스라엘은 앗시리아에, 남쪽 유다는 바빌론에 차례로 멸망당하고 만다.

역대지상 아담부터 다윗에 이르는 이스라엘의 방대한 족보, 그리고 다윗이 통치하던 시절의 역사를 기록한 책. 족보는 포로로 끌려갔다 간신히 고향으로 돌아온 이스라엘 백성에게 민족의 정체성을 확인시키고 궁극적으로 되돌아가야 할 지점이 어디인지 가리켜 보여준다. 족보를 상세하게 소개한 뒤에는 언약궤를 되찾고 성전 지을 준비를 완벽하게 갖춰놓았던 다윗 임금에 초점을 맞춘다. 다윗 왕국은 영광스러운 역사의 첫 줄이었고, 성전은 하나님과 맺은 약속의 상징이었기 때문이다.

역대지하 역대지하는 솔로몬 왕국으로 시선을 돌린다. 솔로몬이 지은 성전이 얼마나 화려하고 웅장했는지, 그 안에 들어가는 기구 하나하나까지 상세히 그려가며 소개한다. 아울러 솔로몬의 부귀와 영화가 얼마나 대단했으며 지혜가 얼마나 탁월했는지 낱낱이 되새김질한다. 뒤를 이은 임금들의 발자취를 따라가며 이스라엘이 몰락하고 포로 신세가 되었음을 알리지만, 끝머리에는 고레스가 내린 해방 명령을 실어 또 다른 시대가 열릴 것임을 예고한다.

에스라기 페르시아로 끌려갔다가 풀려난 이스라엘 백성의 귀향, 그리고 성전과 성벽을 다시 세우는 힘겨운 씨름, 무너진 이스라엘 백성의 신앙을 되세우려는 선지자 에스라의 분투를 다룬다. 기적처럼 포로 신세에서 벗어나 고향으로 돌아온 백성은 감격 속에 제사를 드리고 성전과 성읍 재건에 나서지만, 완공을 보기까지는 악랄하고도 치밀한 적들의 방해 공작에 시달려야 했다. 뒤늦게 2진을 이끌고 이스라엘에 돌아온 에스라는 신앙이 형편없이 흐트러진 동포들의 모습에 경악하고 곧장 회복운동에 나선다.

느헤미야기 에스라와 비슷한 시대를 살았던 느헤미야가 고향으로 돌아와 펼친 개혁운동을 담고 있다. 바빌론에서 임금을 모시는 관리로 일하던 느헤미야는 재건 공사가 지지부진하다는 고국 소식에 귀환을 결심한다. 고향에 돌아온 느헤미야는 적대 세력의 압박을 뿌리치고 여러 가문과 힘을 모아 재건 공사를 마무리한다. 마침내 공사가 끝나자, 이스라엘 백성은 한데 모여 율법을 낭독하고, 죄를 뉘우치고, 예배를 드리고, 삶의 자세를 가다듬었다.

에스더기 페르시아의 임금 아하수에로의 왕비가 된 유대 여인 에스더의 파란만장 일대기. 에스더가 포로의 처지에서 단번에 왕비가 되었을 즈음, 유대인들은 총체적인 난국을 맞는다. 임금의 총애를 받는 고관 하만이 자신에게 고분고분 고개를 숙이지 않는 유대인들을 모조리 말살하기로 작정하고 실행에 들어간 까닭이다. 에스더는 제 목숨을 내놓고 동족을 살리는 데 앞장선다.

욥기 더없이 풍요롭고 행복한 삶을 누리던 이가 하루아침에 가진 걸 다 잃어버리고 고통의 수렁에 빠진다면, 그의 뇌리엔 어떤 생각들이 오갈까? 나무랄 데 없이 선한 성품, 풍요로운 삶, 화목한 가정까지 무엇 하나 모자람 없던 욥은 거대한 불행에 휩쓸려 고통의 바다 깊숙이 가라앉고 만다. 친구들은 잘못한 게 있으니 벌을 받는 게 아니냐고 하지만, 욥으로선 불행의 원인을 도무지 가늠할 수 없다. 토론이 이어지고 목소리가 높아지지만, 결론은 나지 않는다. 이제 하나님의 답을 들어볼 차례다. 그분은 무어라 하는가?

시편 하나님의 백성이 부르는 노래 모음. 다윗과 솔로몬을 비롯해 여러 시인들의 노래를 모았다. 하나님의 됨됨이와 이룬 일들을 높이고 찬양하는 노래가 많지만, 그것이 전부는 아니다. 더러는 베풀어준 은혜에 감격하기도 하고, 괴로움을 호소하며 도움을 구하기도 하고, 허물을 고백하고 용서를 구하기도 하고, 하나님이 준 약속을 되새기기도 하며, 예배의 즐거움을 노래하기도 한다.

잠언 하나님을 임금으로 삼고 사는 백성의 눈으로 어떻게 세상을 살아야 할지 간결하게 정리한 글 모음. 지혜가 얼마나 소중한 보물인지 누누이 설명한 뒤, 좋은 친구를 사귀고, 슬기로운 말을 하고, 게으름과 성적인 유혹을 피하는 법 등 다양한 주제를 다룬다. 흔히 보는 교훈집이나 금언서와는 출발이 다르다. 잠언은 지혜의 근원을 하나님에 두는 까닭이다.

전도서 땅에 코를 박고 사는 이들에게 삶의 본질을 가리켜 보이며 고개를 들어 하늘을 올려다보라고 가르치는 책. "헛되고 헛되다. 모든 것이 헛되다"라는 선언에서 출발해 무슨 일이든 때가 있는 법임을 일깨운다. 인생은 불공평하며 한 치 앞도 알 수 없지만, 조바심칠 게 아니라 오늘을 살며 하나님을 바라보라고 권한다.

아가 두 여인이 나누는 사랑 노래. 낯빛이 까만 여인과 왕이기도 하고 목자이기도 한 사내는 끝없이 연모하고, 사랑을 나누며, 혼인의 즐거움을 만끽하고, 더불어 춤을 춘다. 둘이 서로를 그리워하며 쏟아내는 고백은 다정하고, 안타까우며, 사랑스럽고, 더러 에로틱하기까지 하다.

이사야서 네 임금의 치세와 흥망성쇠를 지켜본 선지자 이사야는 유다와 예루살렘에 관한 환상을 보고 백성에게 하나님이 주신 메시지를 선포한다. 하나님께 등을 돌린 '죄지은 민족, 허물이 많은 백성, 흉악한 종자, 타락한 자식들'을 향해 심판이 코앞에 닥쳤음을 경고하는 반면, 다른 한편으로는 그럼에도 불구하고 더없이 큰 권세로 구원하시는 하나님의 사랑을 선포한다.

예레미야서 유다가 막바지를 향해 치닫던 시절에 활동했던 예언자 예레미야가 전하는 하나님의 메시지. 멸망이 코앞에 닥쳤으니 당장 뉘우치고 돌아서라 외쳤기에 백성의 격렬한 반발을 샀다. 임금과 백성의 비위를 맞추기에 급급한 사이비 예언자들의 모욕을 감수해야 했고, 옥에 갇히기도 했다. 하지만 예레미야는 암울한 미래를 예고하는 데 그치지 않고 하나님의 약속이 회복되는 궁극적인 미래를 가리켜 보인다.

예레미야 애가 유다의 참담한 미래를 내다보고 탄식하며 눈물짓는 예언자의 노래. 백성은 사로잡혀 사방팔방으로 뿔뿔이 흩어지고, 거룩한 성 예루살렘은 황폐해져 적막이 감돈다. 예언자는 이 모두가 마땅히 치러야 할 죗값임을 지적하고, 고아의 처지가 된 백성을 기억해주시길 하나님께 호소한다.

에스겔서 포로로 끌려간 바빌론에서 예언자로 활동했던 에스겔의 메시지. 앞선 책의 예언자들처럼 유다와 뭇 나라들에 쏟아질 하나님의 심판을 선포하고, 예루살렘의 회복과 축복을 예고하며, 하나님이 더없이 가까이 함께해주실 미래를 소망한다. 책을 가득 채운 기이하고 기묘한 행적과 환상들은 이런 메시지들을 생생하게 전달하고 깊이 각인시킨다.

다니엘서 포로의 처지로 바빌론 왕궁에 살며 집중 관리를 받았던 유다 청년 다니엘이 하나님을 향한 순수한 마음을 지키기 위해 벌였던 씨름, 그리고 그이가 꿈에 보았던 놀라운 환상을 기록한 책. 한결같은 신앙을 가졌던 까닭에 다니엘은 일생일대의 위기를 겪지만, 하나님의 극적인 개입으로 목숨을 건진다. 후반부에는 다니엘이 보았던 기이한 환상과 상징들이 파노라마처럼 펼쳐진다.

호세아서 신앙적으로 한없이 타락하고 우상숭배가 극성을 부리던 이스라엘 땅에서 활동했던 예언자 호세아의 입을 통해 전하는 하나님의 메시지. 바람기 가득한 아내를 결코 포기하지 않고 줄곧 사랑을 이어가는 삶을 통해 하나님의 사랑이 얼마나 극진한지 한눈에 보여준다.

요엘서 유다와 예루살렘에 닥친 엄청난 자연재해를 소재로 예언자 요엘이 전한 하나님의 메시지. 예언자는 메뚜기 떼의 습격을 이민족의 침입에 빗대어 설명한 뒤, 뉘우치고 돌아오기를 기대하는 하나님의 마음을 전한다. 하나님은 진심으로 회개하면 재앙을 거두기도 하는 분임을 강조하며, 즉각적이고 전폭적인 회개를 촉구한다.

아모스서 종교적인 타락과 위선, 무너진 정의, 부패한 사회를 매섭게 비판했던 예언자 아모스가 전한 하나님의 메시지. 다마스쿠스와 모압을 비롯해 숱한 주변 국가들을 향한 하나님의 진노와 징계를 선포하고 이스라엘의 멸망을 예언하지만, 거룩한 질서가 회복된 미래에 대한 예고도 빼놓지 않는다.

오바댜서 예언자 오바댜의 입을 통해 에돔을 향한 노여움과 심판을 예고하는 하나님의 메시지. 유다가 바빌론에 시달리는 모습을 지켜보며 돕기는커녕 도리어 웃음 짓던 오만한 에돔은 하나님의 손에 무너지고, 거룩한 백성이 승리를 거둘 것을 예고한다.

요나서 예언자 요나는 강대국 니느웨에 가서 죄를 꾸짖고 심판이 임박했음을 알리라는 하나님의 명령을 받지만, 순종 대신 도망을 택한다. 이후에 벌어지는 사건들은 속속들이 죄에 물든 인간일지라도 돌이키기만 하면 얼마든지 용서하겠다는 하나님의 속내를 여실히 보여준다.

미가서 정의는 무너지고 죄악이 차고 넘치는 유다와 이스라엘을 꾸짖고, 거룩한 뜻과 질서가 지배하는 새로운 세상을 그려 보이며, 하나님이 진정으로 원하는 바가 무엇인지를 명쾌하게 제시한다.

나훔서 나훔이 선포한 하나님의 메시지로 '피의 도성, 거짓말과 강포가 가득하며 노략질을 그치지 않는 도성' 니느웨의 멸망을 예고한다. 하나님이 얼마나 크고 강하며 사랑이 가득한 분인지 설명하고, 그 권세가 어떻게 니느웨를 파멸에 이르게 할지 그림처럼 선명하게 보여준다.

하박국서 정의와 심판에 대한, 예언자 하박국과 하나님의 질의응답. 하박국은 세상에 이토록 불의가 가득한데 하나님은 어째서 짐짓 모른 체하시는가 따져 묻고, 하나님은 지체 없이 단호한 답변을 내놓는다. 하박국은 "주 하나님은 나의 힘"이라는 고백으로 긴 대화를 마무리한다. 하나님은 과연 어떤 답을 주셨을까?

스바냐서 예언자 스바냐가 전하는 하나님의 메시지. 유다와 열방의 죄상을 통렬하게 지적하고 시시각각 다가오는 심판을 예고하는 한편, 징벌이 그치는 '그날이 오면' 축제 같은 즐거움이 가득하리라고 가르친다.

학개서 바빌론 포로 생활에서 풀려나 고국에 돌아온 뒤, 성전을 다시 세우기 위해 안간힘을 썼던 예언자 학개가 전하는 하나님의 메시지. 재건 작업이 지지부진한 현실 앞에서 성전을 다시 세우는 행위가 갖는 의미를 설파하고, "언약이 아직도 변함이 없고, 나의 영이 너희 가운데 머물러 있으니, 너희는 두려워하지 말라"는 거룩한 음성을 전달한다.

스가랴서 뿔과 대장장이, 측량줄, 대제사장 여호수아, 순금 등잔대와 두 올리브나무, 날아다니는 두루마리, 곡식 넣는 뒤주, 병거 네 대 등 기이하고 다양한 환상들을 기록하고, 선택한 백성을 향한 하나님의 구원 계획을 소개하는 예언자 스가랴의 글.

말라기서 구약성경의 마지막 책. 진실한 예배가 사라지고 말라비틀어진 형식만 남은 세상, 약자들이 억압받고 소외되는 불의한 사회를 고발하고, 하나님이 '특사'를 보내 온갖 불순한 동기와 행위들을 정결하게 하며 굽은 정의를 바로 세우는 날이 기필코 오리라고 단언한다.

BIBLE in Hand 교양인을 위한 성경

지혜와 삶과 사랑
구약 | 잠언 · 전도서 · 아가

1쇄 발행일 2020년 2월 20일

펴낸이 최종훈
펴낸곳 봄이다 프로젝트
등록 2017-000003
주소 경기도 양평군 서종면 황순원로 414-58 (우편번호 12504)
전화 02-733-7223
이메일 hoon_bom@naver.com

책임편집 이나경 박준숙
디자인 designGo
표지 이미지 shutterstock
인쇄 SP

ISBN 979-11-963622-4-9
값 8,500원

*이 책의 해제 부분에 대한 저작권은 필자와 봄이다 프로젝트가 소유합니다.
*신저작권법에 의하여 한국 내에서 보호를 받는 저작물이므로 무단전재와 복제를 금합니다.
*이 도서의 국립중앙도서관 출판예정도서목록(CIP)은 서지정보유통지원시스템
홈페이지(http://seoji.nl.go.kr)와 국가자료종합목록 구축시스템(http://kolis-net.nl.go.kr)에서
이용하실 수 있습니다. (CIP제어번호 : CIP2020006146)